3.

COLLECTION

DE

DOCUMENTS INÉDITS

SUR L'HISTOIRE DE FRANCE

PUBLIÉS PAR LES SOINS

DU MINISTRE DE L'INSTRUCTION PUBLIQUE.

Par arrêté du 25 juin 1877, le Ministre de l'Instruction publique, sur la proposition de la Section d'archéologie du Comité des travaux historiques et des Sociétés savantes, a ordonné la publication de l'*explication des planches de la Monographie de Notre-Dame de Chartres*, rédigée par M. Paul Durand, membre non résidant du Comité.

M. ANATOLE DE MONTAIGLON, membre du Comité, a suivi l'impression de cette publication en qualité de commissaire responsable.

MONOGRAPHIE

DE

NOTRE-DAME DE CHARTRES.

EXPLICATION DES PLANCHES

PAR

M. PAUL DURAND,

MEMBRE NON RÉSIDANT DU COMITÉ DES TRAVAUX HISTORIQUES
ET DES SOCIÉTÉS SAVANTES.

PARIS.

IMPRIMERIE NATIONALE.

M DCCC LXXXI.

APERÇU CHRONOLOGIQUE

SUR LES DIFFÉRENTES PHASES

DE L'HISTOIRE DE LA CATHÉDRALE DE CHARTRES.

———

Nous donnons cet Aperçu sans entrer dans la discussion des dates antérieures aux ivᵉ et vᵉ siècles. Nous enregistrons purement et simplement les traditions acceptées par les chroniqueurs du moyen âge, et nous leur en laisserons la responsabilité. C'était l'opinion de leur temps; ils l'ont adoptée et suivie, et nous la donnons dans le seul but de faire comprendre les auteurs de ces anciennes chroniques.

Vers le milieu du iᵉʳ siècle de notre ère, saint Savinien et saint Potentien sont envoyés dans les Gaules.

A Chartres, saint Potentien élève le premier temple chrétien au-dessus de la grotte druidique; saint Aventin en fut le premier évêque.

Sous la protection des lois romaines concernant les sépultures, cette première église se maintint jusqu'à la dernière persécution, appelée l'ère des martyrs, sous Dioclétien, en 303; elle fut alors renversée de fond en comble.

Dès que Constantin eut accordé la paix à l'Église, l'évêque de Chartres, Castor, s'empressa de reconstruire le sanctuaire de Notre-Dame, en 313. Il est à croire qu'à cette époque ce n'était encore qu'un modeste oratoire élevé sur les ruines du monument primitif.

Il est question d'un sinistre en 590; rien ne constate son importance.

En 743, Hunald, duc d'Aquitaine, révolté contre Pépin, brûla l'église de Chartres, sous l'épiscopat de Godessald.

L'église épiscopale de Chartres est relevée l'année même de 743 par l'évêque Godessald.

Le 12 juin 858, Hastings, à la tête des Normands, assiège la ville de Chartres et incendie la cathédrale.

L'évêque Gislebert, successeur de saint Frobold, ne tarde pas à relever les ruines de sa cathédrale.

En 876, le don de la sainte tunique de Notre-Dame, fait au sanctuaire de Chartres par Charles le Chauve, fut une raison de donner plus de splendeur à l'édifice.

Le 5 août 963, les Normands et les Danois, conduits par Richard, duc de Normandie, alors en guerre avec Thibault le Tricheur, comte de Chartres, incendient la cathédrale sous l'épiscopat de Hardouin, qui ne survécut pas à ce désastre.

Le nouvel évêque, Wulfard, réédifie, dès la même année 963, son église cathédrale. Son désir était qu'elle fût la plus belle église du monde.

Le 7 septembre 1020, le feu du ciel réduisit en cendres le sanctuaire élevé par Wulfard.

Saint Fulbert était alors évêque de Chartres.

Aidé par plusieurs princes de l'Europe auxquels il avait fait appel, saint Fulbert se hâta de reconstruire sa cathédrale sur un plan plus vaste. Thierry, son successeur, continua l'œuvre de Fulbert et en fit la dédicace le 17 octobre 1037.

Plus tard, de 1090 à 1115, saint Ives agrandit et embellit l'œuvre de ses prédécesseurs. Le jubé de saint Ives fut célèbre.

Le sinistre que des chroniqueurs attribuent à l'année 1030 est sans doute le même que celui de 1020.

Un grand incendie dévasta la ville de Chartres en 1134 (*magnum urbis excidium*); mais le texte ajoute : *reservatâ per Dei gratiam Ecclesiâ.*

Voici ce qu'on lit dans une lettre de Hugues d'Amiens, archevêque de Rouen : «C'est à Chartres que les hommes, par esprit d'humilité, ont commencé à traîner des charrettes et des chariots pour aider à la construction de la cathédrale. C'est là aussi que Dieu a surtout fait éclater des miracles pour récompenser l'humilité de ses serviteurs. Le bruit s'en est répandu au loin et a mis la Normandie en émoi. Les fidèles de notre province sont d'abord allés à Chartres porter le tribut de leurs vœux à la Mère de Dieu; puis ils se sont habitués à prendre leurs propres cathédrales pour but de ces pieux pèlerinages. Ils forment ainsi de pieuses confréries dans lesquelles personne n'est admis sans confesser ses fautes, sans recevoir une pénitence et sans se réconcilier avec ses ennemis. Les confrères se donnent un chef, à la voix duquel tous, soumis et silencieux, traînent sur des charrettes les offrandes qu'ils portent aux églises et qu'ils sanctifient par leurs larmes et leurs mortifications. Pleins de confiance en la bonté de Dieu, ils se font accompagner de leurs malades, qui souvent reviennent guéris de toutes leurs infirmités.»

Haimon, abbé de Saint-Pierre-sur-Dive, confirme de point en point les assertions de l'archevêque de Rouen. Comme le prélat, il atteste que l'église de Chartres fut le premier édifice à la construction duquel on vit s'associer des pèlerins accourus de différents côtés. Il ajoute que cet usage ne tarda pas à s'introduire en Normandie, et que, dans cette province, il n'y eut bientôt pas de sanctuaire dédié à la Sainte Vierge qui ne devînt le but de pareils témoignages.

Pour les moines de Saint-Pierre-sur-Dive, ce mouvement religieux fut un excellent moyen d'achever leur église, dont les travaux étaient interrompus depuis de longues années. Assurés que la foi enfanterait chez eux les mêmes prodiges que dans les pays voisins, ils firent solennellement bénir des chariots à l'imitation de ceux de Chartres. Leur confiance ne fut pas trompée. De toute part on répondit à leur appel. Chacun était jaloux d'aller rendre hommage à la Vierge dans une église à peine ébauchée, mais où les cérémonies du culte s'accomplissaient déjà avec pompe et régularité. C'était un généreux élan qui se communiqua avec une merveilleuse rapidité dans toutes les classes de la société. Les femmes comme les hommes, les riches comme les pauvres, les puissants comme les faibles, tous s'attelaient aux chars sur lesquels on portait à Saint-Pierre-sur-Dive la chaux, la pierre, le bois et les vivres destinés aux ouvriers. Les populations s'ébranlaient en masse : chaque paroisse se mettait en route avec ses vieillards et ses enfants; on emmenait même les malades, dans l'espérance de leur faire miraculeusement recouvrer la santé. Les bannières ouvraient la marche; des trompettes donnaient le signal des manœuvres. Les fardeaux étaient énormes : parfois il fallait les efforts d'un millier de pèlerins pour imprimer le mouvement à un seul char. Le convoi s'avançait au milieu d'un religieux silence. Dans les haltes, on n'entendait que les confessions, les prières et les chants des pénitents. A la voix des prêtres, les haines s'apaisaient et la bonne harmonie renaissait dans les cœurs. Si un pécheur obstiné refusait de pardonner à ses ennemis, on le chassait ignominieusement après avoir jeté à terre l'offrande qu'il avait mise sur le char.

Arrivés au terme du voyage, les pèlerins rangeaient les voitures autour de l'église et formaient une sorte de camp dans lequel ils passaient la nuit en prières. Ils illuminaient leur char et faisaient retentir au loin le chant de psaumes et des cantiques. Ils demandaient à la Vierge, avec une aveugle confiance, la guérison de leurs malades, èt, si leurs vœux tardaient à être exaucés, on les voyait, eux et leurs enfants, se dépouiller de leurs habits, se traîner en gémissant jusqu'au pied des autels et supplier leurs prêtres d'être sans pitié et de leur donner la discipline en expiation des fautes qu'ils pouvaient avoir commises. D'ordinaire, aux gémissements et aux supplications succédaient des cris d'allégresse. C'est que la Vierge s'était laissé fléchir; des miracles venaient de s'accomplir. Un malheureux infirme qu'on avait amené sur un char s'était tout à coup senti guéri. Plein de vigueur, il courait remercier sa bienfaitrice. De toutes parts on criait au miracle; de longues files de pèlerins se rendaient processionnellement à l'autel, baisaient la terre, mettaient les cloches en branle et entonnaient des chants de triomphe.

Tels furent les actes de foi qui s'accomplirent en 1145 dans l'abbaye de Saint-Pierre-sur-Dive et dans beaucoup d'autres églises de France. Mais ce ne fut pas seulement en 1145 que la construction des édifices religieux donna naissance à de pareilles manifestations. Les mêmes transports d'enthousiasme dûrent souvent éclater sur différents points de la chrétienté pendant le cours du xiie et du xiiie siècle.

Un sinistre à l'église de Chartres est indiqué à la date de 1188, mais sans aucun détail; on peut en conclure qu'il eut peu de gravité.

Mais en 1194, sous le règne de Philippe-Auguste et l'épiscopat de Regnault de Mouçon, dans la nuit du 22 au 23 juin, un incendie accidentel anéantit l'œuvre de saint Fulbert, de Thierry et de saint Ives, à l'exception de la crypte et des clochers.

La cité Chartraine revit alors des processions de pèlerins apportant leurs pieuses contributions sur de lourds chariots. Un trouvère du xiiie siècle, Jean Le Marchant[1], s'est complu à parler de ces processions dans un poème dont le manuscrit est conservé à la bibliothèque de Chartres et qui a été imprimé par M. Gratet-Duplessis en 1855.

Soutenu par les encouragements du légat du pape Mélior, et surtout par la conservation

[1] Jean Le Marchant n'a fait que traduire en vers français une relation latine, dont le texte, encore inédit, se conserve à la Bibliothèque du Vatican.

miraculeuse de la relique insigne de la Tunique de Notre-Dame, Regnault de Mouçon se mit en devoir, dès l'année 1194, de reconstruire sa cathédrale dans le vaste plan et avec la splendeur que nous lui voyons encore aujourd'hui.

La dédicace de cet édifice eut lieu le 17 octobre 1260, en présence, dit-on, de saint Louis, sous l'épiscopat de Pierre de Mincy. Un nouveau jubé fit oublier celui de saint Ives (1260-1276). Une vaste sacristie fut ajoutée à la fin du XIII⁰ siècle.

L'incendie de Chartres, en 1286, n'avait pas atteint la cathédrale : *reservata majori ecclesia.*

La chapelle de saint Piat fut construite en 1349, la chapelle de Vendôme en 1413.

Incendie du clocher gauche du portail occidental, le 26 juillet 1506.

Le clocher neuf s'élève en 1513.

La clôture du chœur est commencée en 1514 et ses grandes sculptures ne sont terminées qu'au XVII⁰ siècle.

15 novembre 1670. Commencement d'incendie au clocher neuf, par le feu du ciel.

1763. Destruction du jubé, qui, suivant certains auteurs, tombait en ruines.

Les bas-reliefs du chœur sont placés de 1763 à 1789; le groupe de l'Assomption, de Bridan, en 1773.

1794. Enlèvement des plombs de la couverture, conformément à une loi du 6 août 1793. Les voûtes se trouvèrent ainsi pendant deux ans exposées aux injures de la pluie.

Le 4 juin 1836, incendie, par l'imprudence des plombiers, de *la Forêt*, célèbre charpente en bois qui couvrait toute la cathédrale depuis le XIV⁰ siècle; les charpentes des deux clochers furent alors aussi incendiées. Les principaux désastres étaient réparés en 1841; une charpente en fer remplaça la charpente en bois.

Nous n'avons pas à donner ici une bibliographie des manuscrits et des livres relatifs à l'histoire et à la description de la cathédrale de Chartres. Deux érudits chartrains, MM. Merlet et Lecoq, la préparent en ce moment, et comme leurs travaux doivent tous les deux être très considérables, nous ne pouvons que les annoncer et en espérer la prochaine publication.

PRÉFACE.

La Monographie de la cathédrale de Chartres devait être le commencement d'une série de travaux archéologiques sur tous les monuments anciens et curieux de la France; chacun d'eux devait avoir son histoire et sa description à part. On voulait procéder par département, pour arriver à former par l'ensemble de ces travaux une collection qui fût aux monuments d'architecture de notre pays ce que la collection des documents inédits était à son histoire.

M. de Salvandy s'exprimait ainsi dans un rapport au Roi à la date du 31 décembre 1838 :

« Le Comité des arts et monuments a poursuivi ses travaux avec un zèle particulier. Préoccupé de la pensée de sauver d'une destruction entière ce qui nous reste de monuments intacts ou de ruines appartenant à l'architecture nationale, il s'est proposé de faire des statistiques de tous les monuments et des monographies des plus importants. Par ce double moyen, il a espéré dérober au temps et aux chances d'accidents ces nobles reliques du génie français, et, en même temps qu'il conservera les formes et les proportions par le dessin, les monographies devront apprendre aux plus ignorants à les respecter. Il se prépare en ce moment d'excellents travaux dans les deux genres, qui ont été confiés à des mains habiles. »

B

M. le Ministre, pour montrer l'importance qu'il attachait à ces travaux, ajoutait qu'il s'était réservé le soin d'écrire l'histoire de la cathédrale de Chartres.

Le plan de publication, en ce qui concerne ce monument, était celui-ci :

1° Les dessins d'architecture devaient être faits par M. Lassus ;

2° Le dessin des statues, par M. Amaury Duval, peintre ;

3° La description archéologique, par M. Didron ;

4° L'histoire proprement dite de la cathédrale, par M. le Ministre.

La cathédrale de Chartres fut désignée la première, dans l'ordre des travaux indiqués par M. le Ministre, à cause non seulement de l'importance et de la beauté du monument, mais par une circonstance qui rendit ce choix naturel.

Le Ministère de la justice venait d'ordonner des travaux dans cette cathédrale ; c'était au moment où la partie supérieure de l'édifice venait d'être endommagée par un incendie.

On sait que, pour les monuments religieux, le soin des travaux de restauration, en ce qui touche l'appropriation et la solidité, appartenait alors à M. le Ministre de la justice, chargé aussi de l'administration des cultes. C'était lui qui en appréciait la nécessité et en décidait l'exécution lorsqu'il y avait lieu. Un crédit était ouvert à cet effet sur le budget de son administration pour la partie des dépenses qui doit être supportée par l'État, car une partie doit rester à la charge du département ou de la commune, suivant que l'édifice qu'il s'agit de réparer est considéré comme appartenant à l'un ou à l'autre.

D'après les ordres de M. le Ministre de la justice, les travaux venaient de commencer. On avait dressé les échafaudages. M. Lassus, architecte, appliqué depuis longtemps à l'étude et à la restauration de nos édifices, jugea l'occasion favorable pour s'occuper de la cathédrale de Chartres. Il connaissait les intentions du Comité au sujet des anciens monuments de la France. La Monographie de l'église de Chartres devant tôt ou tard prendre place dans la suite des publications qu'on préparait, il valait mieux, disait-il, l'entreprendre immédiatement pour éviter de nouveaux frais, les constructions d'échafaudages déjà faites pouvant servir aux dessinateurs en même temps qu'aux ouvriers employés pour les restaurations. Si l'on attendait que les travaux ordonnés par le Ministère de la justice fussent terminés, on s'exposait à arriver lorsque les échafaudages auraient disparu. Il faudrait de toute nécessité en établir d'autres, vu la distance et le point d'élévation des objets à dessiner. Ce seraient des dépenses inutiles, puisqu'on pouvait profiter dès aujourd'hui de ce qui était fait. Il s'étendait dans sa lettre, assez curieuse, sur la magnificence du monument, la beauté de ses dispositions architecturales, son intérêt archéologique, le mérite et la variété des détails qui se recommandent à l'attention de l'artiste et du savant. La proposition de M. Lassus fut accueillie presque immédiatement. Un arrêté, rendu le 29 août 1837, le chargeait de publier la *Monographie complète de la cathédrale de Chartres.*

Il était dit que M. Lassus ne pourrait s'aider d'aucun artiste sans en avoir référé préalablement au Ministre et avoir obtenu son autorisation.

Il est à remarquer que cette lettre et l'arrêté qui la suit ne concernent que M. Lassus. La lettre n'est signée que de lui, et il ne parle d'aucune autre personne pour exécuter le travail avec lui. L'arrêté également ne désigne que lui. Toutefois, dans la lettre qui lui fut écrite pour lui notifier la décision du Ministre, on lui annonce que M. Amaury Duval lui est adjoint à titre égal. La lettre en effet dit « conjointement », ce qui emporte ce sens.

B.

C'est M. le Ministre lui-même qui ajouta cette phrase relative à
M. Amaury Duval, ce qui prouve que ce n'est que quelques jours
après avoir donné ses ordres touchant M. Lassus qu'il songea à lui
adjoindre un collaborateur. Mais il oublia de faire la même recti-
fication sur l'arrêté; on ne la fit pas, ce qui aurait pu donner lieu
peut-être à des difficultés entre ces deux artistes, en admettant
que l'arrêté dût faire foi plutôt que la lettre, si d'autres arrêtés
rendus un peu plus tard à propos d'indemnité n'établissaient
clairement leur position en les nommant tous les deux.

L'ouvrage porte leurs noms. On doit croire que M. Amaury Duval avait prié ou fait prier M. le Ministre de l'associer à M. Lassus,
car il n'existe de lui aucune demande au dossier.

On doit supposer également que la pensée de M. le Ministre,
en ce qui touchait le plan de cette publication, n'était pas encore
bien arrêtée au moment où il rendit sa décision, puisqu'il est dit,
ainsi qu'on vient de le voir, que M. Lassus sera chargé de la Monographie complète de la cathédrale de Chartres. Ce terme, qui est
absolu, indique évidemment l'ensemble du travail sans distinction
de ses parties. Ce n'est que plus tard, en effet, que M. le Ministre
songea à se réserver la partie du texte relative à l'histoire générale et à charger M. Didron de la description archéologique. L'arrêté qui nomme M. Lassus est du 29 août 1837 et celui qui
nomme M. Didron du 31 mai 1838. Le rapport adressé au Roi,
où M. le Ministre désigne la tâche qu'il s'est attribuée, n'est que
du 31 décembre suivant.

En chargeant M. Lassus de ce travail, M. le Ministre fit écrire
au Ministre de la justice, l'avertissant du choix qu'il avait fait de
cet artiste pour la Monographie de Chartres. M. le Ministre insis-
tait sur le mérite de M. Lassus; sans demander expressément à son
collègue de lui laisser diriger les travaux exécutés par l'ordre du

Ministère de la justice, il le représentait comme très en état de les surveiller. Il le priait, dans tous les cas, de vouloir bien l'autoriser à faire les observations que lui suggérerait son expérience dans ces sortes de travaux, ajoutant qu'elles ne pourraient que profiter à l'œuvre de restauration entreprise par le Gouvernement.

Il y avait donc deux architectes employés en ce moment à l'église de Chartres, l'un par le Ministère de la justice pour les travaux de restauration, l'autre par le Ministère de l'instruction publique pour la Monographie. Leurs attributions étaient clairement définies. Ils n'avaient aucune action officielle l'un sur l'autre, et s'il leur convenait de demander ou de recevoir des conseils, c'était uniquement à titre de confrères qui se consultent, mais non à titre d'agent autorisé à les donner ou obligé de s'y soumettre. Leur conduite sur ce point ne dépendait que de leurs relations personnelles; elle ne regardait qu'eux, sans toucher à leur indépendance vis-à-vis l'un de l'autre.

M. Lassus ayant demandé un auxiliaire et indiqué pour cette fonction M. Suréda, élève de M. Labrouste, on fit droit à sa demande, et ce jeune architecte se mit aussitôt à l'œuvre.

Après une série de lettres et de rapports au Ministre, qui lui furent adressés pendant l'espace de trois ans, le travail de M. Lassus continuait à s'avancer, mais rien n'avait encore paru; l'on n'avait même encore rien arrêté au sujet de la publication qui devait en être le résultat. Il n'avait été question ni de l'étendue de l'ouvrage, ni du nombre de planches qui le composeraient, ni du plan à suivre pour le texte. Il est vrai qu'on ne pouvait rien apprécier à l'avance. Il fallait attendre que les travaux de M. Lassus fussent arrivés à un certain point pour juger et décider.

Le 23 octobre 1840, on le pria de donner des explications. Le Ministre désirait un rapport complet sur ce qui était fait et sur ce qui restait à faire. On demandait de combien de livraisons se composerait l'ouvrage et quel serait le prix de chacune des livraisons.

M. Lassus envoya trois rapports et trois devis. Il est impossible de donner une idée exacte de ces devis, hérissés de détails techniques : rosaces, corniches, chapiteaux, bas-reliefs, etc., avec le prix de chaque chose en regard. M. Lassus ne paraît pas se demander s'il sera compris des personnes étrangères à sa profession ; il semble faire un mémoire pour un confrère ou pour un entrepreneur capable de suivre ces détails et au fait de la langue particulière qui sert à les exprimer. Ce qu'on peut apercevoir au milieu de cette multitude de chiffres, de désignations de toutes sortes, c'est que l'ouvrage, d'après le troisième devis, aura 72 planches, formant 12 livraisons de 6 planches chacune, lesquelles coûteront ensemble 122,774 fr. 57 cent., tirées sans doute à 1,025 exemplaires, suivant l'usage.

Consulté en 1848 sur le plan de son ouvrage, il fixa le chiffre à 12 livraisons de 8 planches, ou 96 planches, 24 planches de plus que dans sa dernière appréciation. Il n'indique pas de prix. On relevait ces détails pour faire voir la confusion qui avait régné dans cette affaire, et l'on ajoutait : Peut-être serait-il à propos d'arrêter enfin, après tant d'essais, un plan qui permît de savoir où l'on va et à quoi s'en tenir.

Nous avons vu, par le rapport au Roi (31 décembre 1838), que M. de Salvandy s'était chargé d'écrire l'histoire de la cathédrale de Chartres pour être jointe à la Monographie publiée sous les auspices du Gouvernement.

M. de Salvandy n'avait pas encore eu le temps de s'occuper de ce travail en 1841. Il venait d'être nommé ambassadeur en Espagne, et il écrivit une lettre pour annoncer que les obligations de sa nouvelle position ne lui permettent pas de remplir la tâche qu'il s'était imposée. Ne prévoyant pas qu'il ait désormais assez de

loisirs pour s'en acquitter, il l'abandonne volontiers à la personne
que M. le Ministre jugera convenable de choisir.

Mgr Pie, alors correspondant du Comité à Chartres, s'était
chargé de faire ce travail; mais, quand il eut été appelé à l'évêché
de Poitiers, ses nouvelles fonctions le détournèrent aussi de l'entreprendre, et rien ne fut fait.

M. Didron fut chargé, par arrêté du 31 mai 1839, de rédi-
ger le texte descriptif qui devait accompagner la monographie de
la cathédrale de Chartres. Il avait fait connaître son plan dans un
rapport imprimé très étendu et adressé à M. le Ministre à la date
du 17 novembre 1838.

« Mon travail, à l'image de la cathédrale, disait M. Didron, se
divise en trois parties distinctes : en description de l'architecture,
de la sculpture et de la peinture. La description de l'architecture
formera un volume, celle de la sculpture un volume, celle de la
peinture un volume, tous trois in-4°, dans le format des publications historiques de votre Ministère. »

Tous ces beaux projets ont fini par s'évanouir, sans laisser
même une page de texte historique. Seul, M. Didron avait fait
un texte descriptif, qui ne parut jamais, et dont la préface seule
fut imprimée, après sa mort, dans le dernier volume des *Annales
archéologiques*.

Pendant ce temps-là cependant, les dessinateurs continuaient
sans un ordre bien déterminé les travaux qui leur avaient été confiés, les uns pour l'architecture, les autres pour la sculpture et
d'autres enfin pour la peinture (les vitraux).

Enfin, l'un des Ministres de l'instruction publique, M. Rou-
land, considérant la longue expectative où l'on était au sujet de
cet ouvrage, ne pouvant en prévoir la fin, et effrayé des dépenses
qu'entraînaient principalement les chromolithographies reproduisant les vitraux, décida que l'ouvrage serait interrompu et en res-

terait au point où l'avait laissé M. Lassus, qui était mort depuis déjà un certain temps.

Ce fut alors que l'on chargea M. Paul Durand de faire une simple description des planches déjà parues et de celles qui étaient en cours d'exécution. C'est cette description qu'on va lire.

MONOGRAPHIE

DE

LA CATHÉDRALE DE CHARTRES.

EXPLICATION DES PLANCHES.

PLANCHE I.

PLAN DE LA CRYPTE.

Quoique dans la table in-folio des planches ce plan soit indiqué sous le n° II, nous croyons devoir commencer par lui notre description, parce qu'il représente le fondement sur lequel repose tout l'édifice, et parce que ces parties inférieures et souterraines, plus anciennes que l'église haute, ont eu une grande influence sur les dispositions de celle-ci. C'est là, en effet, que se trouvent des restes considérables des fondations de la cathédrale antérieure à celle qui existe aujourd'hui et dont nous avons à nous occuper; c'est là que l'on peut étudier diverses questions d'antiquité et de construction qui ont déjà exercé la sagacité des antiquaires, et qui cependant sont restées obscures. Longtemps encore, probablement, les archéologues seront embarrassés pour expliquer certaines difficultés sur lesquelles on est loin d'être d'accord [1].

---

[1] Avant d'entrer en matière, et pour rendre justice à qui de droit, je dois faire connaître dès à présent que les auteurs modernes qui m'ont été le plus utiles dans ce travail sont M. l'abbé Bulteau et M. Ad. Lecocq. Je ne les citerai pas à chaque endroit qu'ils ont éclairci et expliqué; mais je préviens d'une manière générale ceux qui voudraient approfondir les choses qu'ils trouveront dans les travaux de ces auteurs les meilleurs renseignements.

Il est à regretter que ce plan ne porte aucun signe, aucune marque, ni chiffres ni lettres, qui puissent servir de points de repère à celui qui l'examine ou à celui qui veut le décrire. Faute de ce secours, il nous sera difficile de nous faire comprendre facilement; nous serons obligé de revenir à plusieurs reprises sur les mêmes points et d'entrer dans de fastidieuses explications. Que le lecteur veuille bien nous pardonner ces redites indispensables.

Jetons d'abord un coup d'œil général sur l'ensemble de cette planche. Les parties blanches indiquent les vides, et les parties teintées celles remplies par des maçonneries ou par le terrain. Il sera bon de faire cet examen, en ayant en même temps sous les yeux la planche II, ou le plan au niveau du sol.

Il est indispensable, avant tout, de bien se représenter la forme de la crypte du xie siècle, parce que son plan a déterminé d'abord celui de l'église supérieure bâtie à cette époque, et, plus tard, a eu une grande influence sur celui de l'église du xiiie siècle.

Or, si nous faisons abstraction des constructions postérieures qui ont modifié cette église primitive, voici ce que nous trouvons :

1° Deux galeries latérales, partant des deux clochers situés à l'ouest; — 2° trois chapelles apsidales, à l'est; les quatre autres sont du xiiie siècle; — 3° deux transepts; — 4° le martyrium ou confession, à l'extrémité orientale du terre-plein occupant le milieu de l'église; il est antérieur au xie siècle.

Les deux massifs latéraux que l'on voit de chaque côté sont formés par les substructions des transepts de l'église du xiiie siècle; comme ils n'existaient pas dans l'origine, aucune fenêtre de la crypte ne se trouvait obstruée, et l'intérieur de ce monument était éclairé dans toutes ses parties, d'autant plus que le terrain avoisinant l'église s'est exhaussé par la suite des siècles.

Tel est, en résumé, l'ensemble de cette crypte, la plus grande que l'on trouve en France. Nous allons maintenant la suivre dans toute son étendue, ajoutant chemin faisant quelques réflexions sur les endroits intéressants et sur les particularités que nous rencontrerons.

L'escalier, d'une vingtaine de marches, partant au-dessous du clocher neuf (côté du nord), nous introduit dans la longue galerie qui suit le côté nord de l'église. A chaque travée, nous remarquerons des voûtes d'arêtes, sans nervures, reposant sur des pilastres engagés, fort peu saillants, terminés à leur partie supérieure par un tailloir extrêmement simple. Les fenêtres sont petites et en plein cintre. Ces caractères nous font reconnaître une construction du xⁱᵉ siècle, et sont conformes avec les documents historiques qui nous apprennent que l'évêque Fulbert fit bâtir cette crypte immédiatement après l'incendie de 1020.

La partie de cette galerie située au bas des marches est l'endroit désigné, dans les anciennes descriptions et sur les anciens plans, de la manière suivante : *Lieux où demeurent les sœurs pour la garde des saints lieux.*

Suivant l'historien Roulliard, « c'estoient au commencement des « hommes ecclésiastiques qui gardoient ce *S. Lieu*, lesquels couchoient « et levoient dans icelui et demeuroient en de petites chambres qui « sont encores à l'entrée de la Grotte. Du depuis y furent mises des « *filles dévotes* qui s'appeloient *les filles des SS. Lieux-forts.* A présent « (1609) y a une seule fille, ou veuve dévote, qui a des servantes « soubs elle, et gardent assiduellement ensemble les dicts *SS. Lieux*, « faisant leur perpétuelle résidence ès dictes chambrettes, dressées à « cet effet. Elle est vulgairement nommée *la Dame des SS. Lieux-forts*, « *ou des Grottes*, et a un fort beau revenu de fondation pour sa nourri- « ture et entretenement. Aussi est-elle tenüe d'avoir le soing des orne- « mens de la dicte chapelle de *Nostre-Dame*, de fournir de tous orne- « mens, pour célébrer la messe, à tous les prebstres, quels qu'ils soient, « qui vont chanter au dict lieu, de leur bailler pain et vin, et autres « choses nécessaires à ce divin service.

« Je trouve par les anciennes chartres que les dictes personnes « estoient commises à la garde des dictes Grottes aussi pour autres « occasions, sçavoir : pour y recevoir les pellerins et malades qui y « alloient en dévotion, comme on y ha toujours abordé de tous les « coings du monde. Et, tant pour cette cause qu'autres jà dessus dictes,

« la dicte *Grotte* auroit été qualifiée l'*hospital du S. Lieu-fort*, comme
« appert par un tiltre du 3 octobre 1403, auquel sont nommées les
« sœurs du dict hospital en cette sorte : Perrine la Martinelle, Mais-
« tresse, Jehanne Laffidée, Laurence la Verrière et Julliote la Herbe-
« relle, *sœurs de l'hospital du S. Lieu-fort*, en l'église de Chartres.

« Cet hospital étoit pour recevoir les malades du feu sacré, qui
« couroit fort en ce temps là, que l'on appeloit la maladie des ardents.
« Ces malades estoient retenus durant neuf jours pour faire leurs dévo-
« tions, puis ils s'en retournoient guéris. »

Nous avons cité ces passages pour montrer l'importance que l'on
attachait au sanctuaire de Notre-Dame-sous-terre, dont nous appro-
chons. Il faut remarquer que les anciens auteurs emploient toujours
l'expression de *Grotte* quand ils parlent de ce sanctuaire, ce qui est
l'indice de traditions suivant lesquelles l'emplacement de la cathédrale
était occupé par des grottes remontant à l'époque druidique. On ne
trouve aujourd'hui aucun vestige de cette église souterraine.

Ces appartements, où demeuraient les sœurs pour la garde des
saints lieux, étaient construits en bois ; ils se composaient d'une cellule
à gauche et de six autres à droite. Il ne reste aujourd'hui presque
rien de ces petites chambres, indiquées dans les auteurs anciens et
figurées sur les vieux plans de la cathédrale, si ce n'est un système
assez singulier de serrures et de petits guichets pratiqués dans les panneaux de la porte placée au bas de l'escalier, et qui indique qu'on ne
pouvait pénétrer dans l'église souterraine, de ce côté, sans la permission de ces gardiennes.

Continuant à suivre notre route, nous passons devant les cinq fenêtres qui sont à gauche, en face desquelles sont des murs pleins, sans
aucun ornement architectural. Dans l'une des premières travées,
M. Lassus fit pratiquer une excavation horizontale d'environ deux
mètres, s'enfonçant sous le sol de la nef de l'église haute ; on reconnut
que c'était un massif de terre sans aucune construction ni excavation
souterraine.

Après les cinq fenêtres dont nous venons de parler se trouve (à la sixième travée) une grande arcade ou porte, qui, avant le xiiie siècle, devait être une des entrées latérales de la crypte. Aujourd'hui, cette porte donne dans un corridor voûté, qui règne sous un des bas côtés du transept nord de l'église haute et aboutit à un escalier menant au dehors. Il faut remarquer que cet escalier est pratiqué dans l'épaisseur d'un contrefort, vice de construction qui est atténué par l'extrême résistance et par la dureté de la pierre dont la cathédrale est construite.

Après cette arcade on rencontrait, avant 1850, une grille et une porte en bois qui, au xviie siècle, formaient la limite ouest de l'espace consacré dans la crypte au pèlerinage de Notre-Dame-sous-terre.

Les trois travées suivantes, la septième, la huitième et la neuvième, ont leurs fenêtres obstruées par l'emmarchement du porche septentrional; on aperçoit leurs contours sous l'enduit de maçonnerie et sous les peintures qui les recouvrent. Derrière la troisième de ces fenêtres bouchées il existe un corridor semblable à celui dont nous avons parlé un peu plus haut; il est sans usage, et forme un souterrain ou une cave à l'usage de l'église.

L'endroit où nous arrivons ensuite n'a rien de particulier ni de remarquable sous le rapport de l'architecture. C'est à un autre point de vue qu'il mérite de fixer l'attention; il a été pendant plusieurs siècles le point le plus important de l'église souterraine, parce que c'est là que se trouvaient le sanctuaire et l'autel du pèlerinage de Notre-Dame de Chartres, dont la statue était placée en ce lieu.

Remarquons d'abord que la dixième travée a subi une grande modification. Il y avait précédemment à cette place une fenêtre semblable aux autres; au xviie siècle, le mur fut largement ouvert pour former une communication avec le dehors et donner accès au sanctuaire de Notre-Dame-sous-terre. Les architectes qui firent ce changement laissèrent visible le haut de l'ancienne fenêtre. Plus bas, et sur les côtés, ils disposèrent la maçonnerie de manière à imiter une grotte taillée dans un rocher, afin de rappeler et de maintenir l'idée et le souvenir de la grotte druidique, dont on ne trouve cependant aujourd'hui aucun vestige dans la crypte, ainsi que nous l'avons dit.

En face de cette porte, et faisant aussi partie de la dixième travée, il y a un renfoncement pratiqué dans le terre-plein central : c'est la chapelle des Saints-Forts, Savinien, Potentien et leurs compagnons, premiers apôtres du christianisme dans cette partie des Gaules.

C'est dans la onzième travée que se trouvaient le sanctuaire et l'autel de l'antique pèlerinage de Notre-Dame de Chartres. Une tradition, dont l'origine se perd dans la nuit des temps, faisait remonter la statue de la Sainte Vierge tenant le divin Enfant sur ses genoux à l'époque druidique. Elle était accompagnée de la célèbre inscription : VIRGINI PARITVRAE rappelant la prophétie d'Isaïe : *Ecce virgo concipiet et pariet filium.* Pareille tradition existait en Orient : sur le mont Carmel, pays voisin de la Phénicie, il y avait, avant l'ère chrétienne, un antique sanctuaire dédié à la vierge qui devait enfanter et avec la même inscription.

Tout l'espace compris entre la septième et la onzième travée avait été orné avec beaucoup de luxe en l'année 1690. L'autel avait été refait et accompagné d'une balustrade en marbre, les murs revêtus de plaques de marbres variés et les voûtes enrichies de peintures, où, au milieu de rinceaux sur fond d'or, on voit encore des médaillons où sont représentées des scènes de l'ancien et du nouveau Testament. Deux artistes chartrains, Nicolas Pauvert et Pierre de la Ronce, avaient exécuté les peintures, qui existent encore, quoique fort détériorées. Quant aux marbres et aux autels de la Sainte Vierge et des Saints-Forts, ils ont été détruits à la fin du dernier siècle; mais la piété des Chartrains s'occupe depuis plusieurs années à rétablir ces lieux dans leur première splendeur.

Le musée de Chartres possède une ancienne et rare gravure du commencement du xviiie siècle qui donne une idée de l'ensemble de la décoration du sanctuaire de Notre-Dame-sous-terre tel qu'il était à cette époque.

Nous avons dit que la onzième travée contenait le sanctuaire et l'autel du pèlerinage. Le passage et la circulation auraient donc été interceptés si l'on n'eût pratiqué un couloir en perçant les murs sur le côté, comme nous le voyons sur cette planche. Nous suivrons ce passage, qui se courbe autour de l'autel et nous permet de passer derrière le mur transversal (non marqué sur notre planche) et de pénétrer dans la douzième travée.

Celle-ci, placée, comme nous venons de le dire, derrière le siège vénéré du pèlerinage, est aujourd'hui complètement obscure, parce que les constructions de la grande église du xiii᷎ siècle ont obstrué toutes les fenêtres. Cet endroit, et celui qui y correspond du côté du midi, ont subi de tels changements et de telles modifications, qu'il est fort difficile de se rendre compte de leur état primitif. Nous en sommes réduits à faire des suppositions, sans pouvoir rien établir de certain. L'examen de ces parties, fait sur place, conduit à penser qu'il y avait ici un transept se reproduisant à l'étage supérieur dans la cathédrale du xie siècle. Aujourd'hui cette partie carrée, dans laquelle est pris le corridor recourbé dont nous parlions tout à l'heure, est aménagée en caves et en magasins pour le service de l'église ; il y a là aussi un réduit fort petit, entouré de murs qui lui sont propres, où sont percées des fenêtres garnies de barreaux de fer comme le cachot d'une prison.

Immédiatement après, à gauche, est une porte qui dans l'origine conduisait au dehors. Aujourd'hui, l'escalier que nous trouvons là conduit à d'autres caves et à des réduits du xive siècle, situés sous la grande sacristie, et à un second escalier menant à cette sacristie et au couloir par lequel elle communique avec la cathédrale.

Mais reprenons notre excursion sous terre. Nous voici arrivés maintenant à la partie semi-circulaire formant l'apside de la crypte.

La première chapelle, que nous rencontrons à gauche, est sous le vocable de sainte Véronique ; elle sert aujourd'hui de sacristie pour le service de la crypte. C'est une adjonction construite au xiiie siècle. Elle se trouve placée entre ce que nous regardons comme un ancien transept du xie siècle et la chapelle suivante, qui est de cette même époque. Les fenêtres sont grandes et en ogives ; la voûte est renforcée par de grosses nervures carrées. Sur cette voûte et sur les murs sont des vestiges de peintures du xiiie et du xive siècle ; elles sont fort détériorées, et les sujets ne peuvent plus se comprendre. On voit des hommes conduisant des chevaux encore assez visibles; sur des bandeaux tracés horizontalement on peut aussi distinguer des chevrons et des zigzags; sur les nervures, des cercles entrelacés; sur les voûtes, un semis de grandes fleurs de lis et de tours de Castille, et, au-dessus de l'endroit où se trouvait l'autel, un buste de Jésus-Christ bénissant, entre deux anges thuriféraires.

. En face de cette chapelle, sur la droite du chemin que nous parcourons, il y a une porte par laquelle on descend dans une petite crypte plus basse et plus profondément enfoncée sous le sol.

Il faut examiner attentivement cet endroit. Il est très intéressant pour les archéologues, car c'est là que se trouvent les constructions les plus anciennes de la cathédrale, et tout porte à croire que plusieurs des murs de ce souterrain ont fait partie de substructions gallo-romaines appartenant à l'ancienne enceinte de la cité des Carnutes. Sur une portion notable de ces murs, la construction est en petit appareil accompagnée de bandes horizontales de briques larges et épaisses.

Ce caveau a été bien probablement le martyrium ou la confession des cathédrales qui ont précédé celle du xie siècle. Nous allons donner un aperçu des particularités qu'on y rencontre.

Il faut savoir d'abord que la porte par où nous venons de passer n'existait pas dans l'origine. On descendait dans cette petite crypte par l'escalier que l'on voit sur la droite de la gravure et qui communiquait avec le sanctuaire de l'église supérieure. Cet escalier et la porte que l'on rencontre vers le milieu de son parcours paraissent du xiiie siècle. Il fut supprimé et muré dans sa partie supérieure lors des changements que subit le chœur de la cathédrale à la fin du siècle dernier. Au bas de cet escalier, à gauche, le pilier engagé dans le mur offre tous les signes d'une construction romane primitive; à sa partie supérieure est un tailloir orné de moulures feuilletées comme on en trouve dans les monuments du viiie au xe siècle. Ce pilastre engagé, les deux piliers carrés isolés qui supportent la voûte, et la grosse colonne engagée qui est au milieu contre le mur ouest, sont attribués à une époque anté-

rieure au xı^e siècle. On y remarque, en effet, un caractère architecto-
nique qui n'existe qu'à cette époque. C'est une brique, quelquefois
deux, placées verticalement çà et là dans l'appareil entre deux pierres
de taille et accompagnées de joints fort épais. M. Alfred Ramé[1] a dé-
montré que ces briques ainsi disposées n'avaient jamais été observées
dans une construction postérieure ou antérieure au xe siècle, et que cette
particularité, rapprochée de la forme particulière du tailloir, donnait
ainsi la date précise de l'époque où avaient été construits les monuments
qui offraient ce signe caractéristique.

Le mur plan devant lequel est la grosse colonne engagée est une
construction gallo-romaine. Il est formé d'une maçonnerie de moellons
noyés dans du mortier, interrompue de distance en distance par des
bandes de briques s'étendant horizontalement; cette construction peut
remonter au ve ou au vı^e siècle.

Dans le mur circulaire qui est en face, du côté de l'est, sont creu-
sées de grandes et profondes niches ou arcades en plein cintre, semblables à celles que l'on rencontre dans tous les monuments des époques
primitives; ce sont probablement des arcs de décharge.

Les voûtes et la partie supérieure des différents piliers de ce caveau
ont été refaites à neuf et surhaussées dans le siècle dernier afin de leur
donner une solidité capable de supporter le poids du nouvel autel et
du groupe colossal de l'Assomption, placés dans le nouveau chœur de
la cathédrale. Peut-être avant cette époque les piliers étaient-ils ornés
à leur partie supérieure de sculptures, ou au moins de moulures, qui
eussent pu nous fournir une indication précisant une époque d'une
manière certaine. Ce caveau central, avons-nous dit, était le martyrium
des cathédrales primitives détruites par les incendies ou par d'autres
causes de ruine; mais cette ancienne destination était depuis longtemps tombée en désuétude, car la plupart des auteurs nomment cet
endroit le Trésor.

De ce caveau central on passe, en allant à droite, dans un autre un
peu plus petit, et l'on aperçoit en face, sur le côté ouest, un pare-

_____
[1] Voir *Bulletin monumental* de M. de Caumont; année 1860.

2

ment de mur où le petit appareil romain et les bandes horizontales de
briques se montrent parfaitement conservés, ainsi que nous l'avons dit
plus haut. C'est le seul endroit de la ville de Chartres où l'on voie ce
système de construction, qui nous fait remonter peut-être jusqu'au
ıvᵉ siècle. Dans ce même caveau il y a une fosse où l'on ne peut descendre qu'à l'aide d'une échelle. C'était une cachette, où l'on pouvait,
pendant les sièges ou les troubles si fréquents au moyen âge, déposer
avec sécurité la Sainte-Châsse et les autres reliquaires précieux qui
faisaient la richesse de la cathédrale et composaient le trésor de Notre-
Dame. Cette fosse était alors recouverte d'une dalle, et l'entrée étroite
qui nous introduit ici étant murée, il était bien difficile de pénétrer en
cet endroit. Ce caveau communique aujourd'hui avec la crypte de Fulbert par la porte que nous avons prise pour y entrer, laquelle est
située en face de la chapelle de Sainte-Véronique. Cette porte n'existait
pas dans l'origine; les caveaux que nous venons de quitter n'étaient
accessibles que par l'entrée donnant dans le sanctuaire de l'église haute.
Quand cette entrée fut supprimée par suite des travaux qui ont modifié le chœur, on perça grossièrement, par une trouée dans la muraille,
le mur d'enceinte du martyrium afin de pouvoir y accéder; ce n'est
que depuis quelques années, lorsque l'on fit ici une chapelle dédiée à
saint Lubin, que l'on régularisa l'ouverture, que l'on plaça des marches
et qu'on y adapta une grille qui puisse se fermer; mais, ne l'oublions
pas, c'est une disposition entièrement moderne.

Reprenant la galerie circulaire, que nous avons quittée pour visiter
le martyrium, nous trouvons après la chapelle de Sainte-Véronique
(xiiiᵉ siècle) une seconde chapelle dont la forme est différente. Elle
est allongée, voûtée en berceau et terminée en cul-de-four; c'est une
construction du xiᵉ siècle. Ses fenêtres sont petites et en plein cintre.
Au fond de cette chapelle, à gauche, il y a une très petite fenêtre qui
est d'une époque antérieure; auprès on voit des briques debout dans
les joints : c'est un reste d'une église antérieure. Les murs offraient,
d'un côté, des scènes de pèlerins presque entièrement effacées et, de
l'autre, des assises de pierre tracées en ocre rouge; on les a rétablies

semblables il y a peu de temps, ainsi que les semis de fleurs sur la voûte, telles qu'on les voit sur la planche LXXII. Cette chapelle est aujourd'hui dédiée à saint Joseph.

La troisième chapelle, dite de Saint-Fulbert, est de celles ajoutées au xiii⁰ siècle. Sa forme est polygonale; elle ne présente rien de particulier.

La quatrième chapelle, dédiée à saint Jean-Baptiste, est la chapelle qui se trouve dans l'axe de l'église; elle est du xi⁰ siècle et semblable à celle de Saint-Joseph, dont nous avons parlé précédemment, et à celle de Sainte-Anne, que nous verrons tout à l'heure. Ce sont les trois chapelles faisant partie de la construction primitive; leur forme suffit sur le plan pour les caractériser et les faire reconnaître.

Entre la chapelle de Saint-Jean et la suivante on voit, au delà de la cathédrale et plus à l'est, les parties inférieures de la chapelle de Saint-Piat, dont nous parlerons ailleurs.

La cinquième chapelle, dite de Saint-Yves, est du xiii⁰ siècle, comme nous le reconnaissons à ses fenêtres en ogives, aux nervures de sa voûte et à sa disposition sur notre plan.

La sixième est celle de Sainte-Anne; elle remonte au xi⁰ siècle, comme nous l'avons dit il y a un instant. C'est une des chapelles primitives.

La septième chapelle est la dernière de la partie apsidale; elle est du xiii⁰ siècle, ainsi que nous le montrent ses fenêtres en ogives et ses autres accessoires de cette époque. Dans le coin, à droite en entrant, on trouve quelques vestiges d'une construction du x⁰ siècle.

Ici finit la partie semi-circulaire de la crypte, et nous retrouvons, comme du côté opposé, une galerie droite, que nous allons aussi parcourir.

La première chose que nous rencontrons à gauche est une des entrées de l'église souterraine du côté méridional. La porte extérieure est ornée d'une arcade avec une décoration dans le style du xi⁰ au xii⁰ siècle. Elle est accompagnée de deux colonnettes avec chapiteaux richement sculptés, surmontés d'un tore et d'une moulure garnie de dents de scie.

Vient ensuite un espace carré ayant formé, comme nous l'avons dit en parlant de l'autre côté, un transept primitif. Aujourd'hui, c'est la chapelle de Saint-Martin.

On a déposé dans cette chapelle les fragments de sculpture de l'ancien Jubé, détruit pendant le siècle dernier. Ce sont de précieux échantillons de l'art au xiii⁰ siècle. Nous verrons plus loin (pl. XXXVII) les dessins et reproductions de plusieurs de ces fragments de la sculpture française au xiii⁰ siècle.

C'est dans cette chapelle aussi que se trouve un sarcophage mérovingien dans lequel avait été inhumé le corps de Chalétric, évêque de Chartres, mort au vi⁰ siècle (en 567).

On lit sur le couvercle du sarcophage une des plus anciennes inscriptions chrétiennes qui soient dans cette partie des Gaules :

✝ HIC REQVIESCIT CHALETRICVS EPISCOPVS CVIVS DVLCIS MEMORIA
PRIDIE NONAS OCTOBRIS VITAM TRANSPORTAVIT IN COELIS

et sur laquelle on peut voir M. Edmond Le Blant, *Inscriptions chrétiennes de la Gaule avant le viii⁰ siècle*, I, p. 304 à 307.

Lors de la démolition de l'église de Saint-Nicolas-au-Cloître, portant aussi le nom de Saint-Serge et Saint-Bacche, on trouva sous le maître autel ce précieux et antique monument. Après avoir occupé divers emplacements, il fut déposé ici il y a une quinzaine d'années.

Continuant notre exploration, nous rencontrons plus loin, du même côté gauche, une chapelle carrée, disposée dans un endroit remanié à une époque assez rapprochée. C'est aujourd'hui la chapelle de Saint-Nicolas. Elle est en correspondance de symétrie avec l'escalier du côté du nord.

En face, sur le côté droit, dans le renfoncement qui pénètre dans le massif central, est la chapelle de Saint-Clément, où se trouve la peinture reproduite en chromolithographie sur la planche LXXI.

En cet endroit, nous rencontrons une barrière formée par une grille et par une porte en bois du temps de Louis XIII. Nous ne savons à quelle occasion elle a été placée là, car elle gêne la circulation dans les cérémonies qui se font sous terre.

Après cette porte il y a, à gauche, une piscine en pierre où l'on jette l'eau qui a servi à laver les linges de l'église. Au-dessus est une peinture à fresque du xiie au xiiie siècle représentant la Nativité du Sauveur; Jésus-Christ, la Sainte Vierge et saint Joseph remplissent le tableau. Une petite draperie orne et complète cette peinture dans le soubassement.

Viennent ensuite les fenêtres de l'église primitive, qui ont été bouchées par la construction du porche méridional. La première donne sur un souterrain dans lequel on accède par le dehors. La troisième est fort curieuse : c'est encore un de ces échantillons où les signes caractéristiques du xe siècle se manifestent à la vue. On remarquera qu'elle n'est pas de la même forme que les autres; elle est beaucoup plus petite et très étroite.

Nous rencontrons plus loin, à gauche, une porte qui, comme du côté nord, entre dans un corridor sortant au dehors par une porte pratiquée aussi dans l'épaisseur du contrefort, comme nous pouvons le remarquer sur le plan que nous avons sous les yeux. C'est la quatrième qui ait cette disposition.

Le reste de cette galerie, semblable à celle du nord, présente à notre observation une belle cuve baptismale du xie au xiie siècle. Elle est flanquée de quatre colonnettes surmontées de chapiteaux variés et très élégants. Des bancs en maçonnerie sont disposés le long des murs.

L'escalier où nous arrivons, au bout de cette galerie, tout à fait à l'ouest, débouche au bas du vieux clocher.

En résumé, si nous examinons d'un coup d'œil cette belle crypte, nous reconnaîtrons qu'elle a la forme d'un fer à cheval allongé, formé par les deux galeries se réunissant du côté de l'est par une partie courbe; elle est accompagnée, avons-nous dit, de chapelles et de transepts, mais le noyau ou massif central est plein et ne contient pas de traces d'une ancienne nef.

PLANCHE II.

(Indiquée comme planche I dans la table in-folio.)

PLAN AU-DESSUS DU SOL.

Cette planche nous fait voir d'un seul coup d'œil la disposition complète de la cathédrale. Quoique ce plan soit facile à comprendre et s'indique lui-même à la simple vue, nous devons cependant faire quelques remarques et donner plusieurs explications.

Et d'abord, le titre gravé au bas de la gravure nous indique que ce plan n'est pas pris au *niveau* du sol, comme on le fait ordinairement, mais un peu plus haut. Il en résulte que, la base des murs n'étant pas marquée en noir, il faut une certaine attention pour distinguer la place des portes de celle des fenêtres. Nous aurons soin tout à l'heure de donner cette indication d'une manière exacte.

Au premier abord, l'unité de ce plan nous paraît parfaite et nous donne la preuve qu'un seul architecte en est l'auteur. Sauf les additions peu importantes que nous mentionnerons plus loin, la disposition symétrique de toutes les parties tracées sur le sol semble indiquer que rien n'a gêné le maître de l'œuvre dans ses conceptions grandioses. Il n'en est pas cependant tout à fait ainsi, et nous devons, dès à présent, faire une remarque qu'il ne faudra pas oublier quand nous parlerons de la façade occidentale. L'incendie de 1194, après lequel fut commencée l'église actuelle, avait laissé subsister des parties importantes de la cathédrale antérieure; la crypte tout entière avait été épargnée par le feu, ainsi qu'une portion considérable de la façade occidentale, à savoir les trois portes principales, la partie inférieure du clocher neuf et le clocher vieux, depuis la base jusqu'au sommet. Au lieu d'avoir le champ parfaitement libre pour s'étendre suivant la liberté de sa pensée, l'architecte du XIIIᵉ siècle se trouvait donc enserré dans un espace déterminé, dans lequel il devait se circonscrire. C'était une sorte de problème proposé à la science et à la sagacité de l'artiste.

On verra plus loin comment ce problème a été résolu.

L'ensemble de l'édifice est tourné vers le levant, non pas cependant d'une manière parfaitement exacte; il s'incline de 45 degrés vers le nord et regarde la limite que le soleil atteint au solstice d'été. Un usage fort ancien prescrivait cette orientation des églises, que les règlements ecclésiastiques ont sanctionné. Il ne faudra pas perdre de vue cette mention de l'orientation, parce que nous emploierons fréquemment, dans nos explications, les diverses appellations des points cardinaux, afin que le lecteur puisse facilement comprendre nos indications. Du reste, l'orientation des églises n'a jamais été assujettie à une précision absolue.

Puisque nous parlons de cette direction des églises, faisons encore une autre observation. On sait que, dans un grand nombre d'édifices religieux, l'axe du chœur n'est pas la prolongation exacte de l'axe de la nef et que le chevet semble s'infléchir d'une manière plus ou moins appréciable (vers le nord le plus souvent). On a voulu voir dans cette disposition l'expression d'une idée symbolique, et l'on a pensé que les architectes du moyen âge voulaient représenter par là l'inclinaison de la tête du Sauveur au moment de sa mort sur la croix. Quelques auteurs modernes ont d'autre part attribué cette inclinaison à l'imperfection des moyens scientifiques employés à ces époques reculées. Ils ont pensé que, ces grands édifices étant souvent commencés à la fois par les deux extrémités, il se produisait quelque erreur dans le tracé du monument sur le terrain et que, les deux parties de la construction venant à se rapprocher et à se rejoindre, les axes ne se raccordaient pas suivant une ligne parfaitement droite, mais formaient un angle plus ou moins prononcé. Cependant il faut remarquer :

1° Qu'il serait injuste d'accuser d'impuissance les architectes du moyen âge; ils ont donné assez de preuves de leur science, ils ont résolu des problèmes bien autrement compliqués et difficiles que celui de tracer d'une manière exacte sur le sol l'assiette d'un monument;

2° Que les idées symboliques étaient singulièrement en faveur et qu'elles étaient suivies même en beaucoup de points dont les textes anciens ne font pas mention ;

3° Enfin que dans plusieurs églises dont les dimensions ne sont pas considérables, comme, par exemple, celle du Blanc (Indre), où le travail des entrepreneurs était certainement peu compliqué, on observe cette singulière particularité de construction. L'inclinaison du chevet nous semble montrer là avec évidence l'intention formelle du constructeur d'agir ainsi de propos délibéré.

La cathédrale de Chartres ne s'est pas soustraite à cet usage, qu'il soit intentionnel ou non. Les mesures, relevées avec un soin minutieux et rigoureux, ont montré que le chœur s'infléchit d'une manière très faible ; car ce n'est que d'environ un mètre que l'axe du chœur s'éloigne de la ligne droite.

Jetons maintenant un coup d'œil sur l'ensemble de ce plan ; examinons ses dispositions.

Suivant l'usage à peu près général de cette époque, il dessine sur le sol la forme d'une croix s'étendant de l'ouest vers l'est. De chaque côté du pied de cette croix, sont les substructions massives qui servent de base aux deux grands clochers. Du côté du sud, c'est le clocher vieux ; du côté du nord, le clocher neuf ; ils contiennent, comme l'indication le fait voir, l'entrée des deux escaliers descendant dans l'église souterraine. C'est entre eux que se trouve l'entrée principale de la cathédrale, formée par trois portes, donnant toutes les trois dans la nef centrale, disposition remarquable et même unique. Vient ensuite la grande nef, accompagnée d'un bas côté simple, lequel se pourtourne le long des deux transepts, puis le chœur, autour duquel le bas côté est double, et enfin le chevet de l'église, entouré par sept chapelles. La cathédrale du xie siècle ne devait en avoir que trois, comme la crypte primitive et comme les églises, voisines de Chartres, Saint-Père-en-Vallée, Saint-Cheron et Saint-Martin-au-Val. Ce nombre de trois chapelles à l'apside se rencontre presque toujours aux xie et xiie siècles ; on pense qu'il avait rapport à la Sainte Trinité. Un peu plus tard, comme ici et dans un grand nombre d'églises, c'était le nombre sept qui était suivi, tant pour les chapelles des apsides que pour les fenêtres hautes du chœur; il symbolisait les sept esprits de Dieu, entourant la tête du Sauveur comme on le voit dans les représentations de l'arbre de Jessé. Notons encore en passant, au sujet des chapelles apsidales, qu'on en trouve quelquefois neuf, autre nombre mystique, et qu'enfin dans la cathédrale du Mans il y en a douze, en l'honneur des douze apôtres.

Les églises, pendant les premiers siècles, n'avaient pas de bas côtés autour du chœur; ils apparaissent seulement vers le xe siècle, et ils ne sont plus rares au xiie. Du reste, au xiiie siècle, où les bas côtés prennent plus d'ampleur, ils sont rarement doubles dans tout le pourtour du sanctuaire, comme nous le voyons ici. On peut penser que le maître des œuvres, voulant permettre à la foule nombreuse des pèlerins de circuler facilement dans cette enceinte, a, pour cette raison, diminué la grandeur des chapelles. Au xive siècle, lors de la construction de la chapelle de Saint-Piat, une des sept chapelles fut supprimée pour faire place à l'escalier qui y conduit.

La nef et le chœur ont seize mètres de largeur; cette dimension surpasse celle des plus grandes églises du moyen âge. Le chœur, sous le rapport de sa longueur, l'emporte aussi sur les autres cathédrales, et l'on n'a jamais été ici dans la nécessité d'empiéter sur le transept et sur la nef pour augmenter le chœur, ainsi que cela s'est fait dans plusieurs églises cathédrales et abbatiales.

A peu près au milieu de la nef on voit un labyrinthe, dont les circonvolutions en méandres en pierre noire se dessinent sur le sol de l'église. Son développement est de près de 300 mètres; les Chartrains le nomment la *lieue*, le vulgaire lui donnant une dimension exagérée. Ce labyrinthe et celui de la Collégiale de Saint-Quentin, beaucoup plus moderne, sont les rares exemples subsistant encore aujourd'hui d'un usage ancien sur lequel on n'est renseigné par aucun document contemporain. On croit généralement que cela avait rapport au pèlerinage de Terre-Sainte, si en vogue aux siècles des Croisades. D'autres renseignements les font regarder comme se rapportant aux maîtres des œuvres de l'édifice où ils se trouvent; leur adresse et leur science étaient assimilées aux talents merveilleux de Dédale. La pierre qui forme le centre de ce labyrinthe offrait une représentation qui nous eût peut-être livré un secret bien précieux; malheureusement, une mutilation regrettable a effacé à tout jamais ce renseignement. Sur cette pierre était scellée une plaque de métal, en cuivre probablement, sur laquelle était figuré un personnage. D'après les clous de scellement et des contours indécis, cependant encore visibles, on peut, en y faisant bien attention, distinguer la silhouette d'un cavalier sur sa monture et se présentant devant un objet aujourd'hui méconnaissable, que je suis porté à regarder comme une porte. Est-ce le maître des œuvres arrivant au but désiré de l'achèvement de ses travaux? N'est-ce pas plutôt le pèlerin chrétien arrivant comme un voyageur devant la porte de la Jérusalem terrestre, image de la Jérusalem céleste?

Les voûtes qui recouvrent cette immense surface de la cathédrale reposent sur les points d'appui que lui fournissent les murs, renforcés par d'énormes contreforts, et sur cinquante-deux piliers isolés qui s'élèvent dans l'enceinte de l'église.

Ces piliers isolés affectent différentes formes et différents diamètres, suivant les parties qu'ils ont à supporter. Au centre de la croisée, il y en a quatre très volumineux qui semblent formés par un faisceau de colonnettes soudées entre elles et formant un massif unique; elles s'élèvent d'un seul jet jusqu'à la voûte et permettent de supposer, vu la masse considérable qu'elles contribuent à former, qu'elles auraient pu servir de base à une lanterne ou coupole s'élevant au milieu de l'édifice. Les piliers de la nef, ceux des transepts et une partie de ceux du chœur sont composés alternativement d'une colonne ronde, flanquée de quatre piliers engagés, de forme octogonale, et d'un pilier octogonal flanqué de quatre colonnes de forme cylindrique. A l'extrémité orientale du chœur les piliers sont uniques et continuent leur alternance octogonale et cylindrique. On remarquera que la rangée de supports qui forme les bas côtés du chœur est interrompue de chaque côté par deux piliers, de forme et de dimensions pareilles à ceux de la nef et d'une partie du chœur. Ces piliers supplémentaires sont destinés à soutenir les tours qui, du côté du Nord et du Midi, flanquent le chœur de la cathédrale.

Nous avons dit que ces piliers, soit isolés, soit composés, étaient disposés suivant le système d'alternance; or il faut savoir que, soit pour la forme, soit pour la couleur, ce mode est une suite des habitudes de l'architecture romane.

Pour ce qui est de la sculpture des chapiteaux et des bases, des moulures, ainsi que pour tous les détails que nous offrent partout les divers membres de l'architecture, le vaisseau intérieur de la cathédrale de Chartres est entièrement de la même époque, c'est-à-dire de la première moitié du xiiie siècle. Les chapiteaux sont peu variés; ce sont des feuilles recourbées en forme de crochets et, quoiqu'ils soient tous variés, on ne s'aperçoit pas à première vue de leur différence. Combien la sculpture du xie et du xiie siècle était-elle plus riche, plus variée et plus vivante! Les animaux fantastiques et l'élément humain tenaient alors une grande place dans la décoration monumentale. Il y a cependant une chose où la sculpture chartraine du xiiie siècle l'emporte de beaucoup sur celle des autres cathédrales : ce sont les clefs de voûte. Quoique exécutée en pierre de Berchère, pierre fort dure et peu facile à travailler, chacune des clefs de voûte est ici très remarquable, et la grande clef qui reçoit le faisceau réuni des nervures du chœur à son extrémité Est est un vrai chef-d'œuvre. On remarquera de plus que c'est là seulement que s'est réfugiée la dernière trace de polychromie dans notre cathédrale; ces clefs, et une petite partie de la nervure, sont peintes et dorées avec un goût qui semble perdu aujourd'hui.

Le chœur a été entouré au xvie siècle par une clôture en pierre, commencée par Jean de Beauce, architecte du clocher neuf. Il eût produit là aussi une autre merveille de goût, de finesse et de délicatesse s'il eût pu finir ce qu'il avait entrepris. Après lui cette clôture fut continuée jusqu'à une époque où, le style gothique n'étant plus en usage, on ne put lui donner la même originalité, ni pour l'architecture ni pour la statuaire. Cette clôture du chœur contient dans son intérieur une suite de chambrettes et de chapelles, aujourd'hui abandonnées; elles sont remplies de détails sculptés avec une extrême délicatesse. Il était impossible d'indiquer sur le plan ces petits réduits; la dimension de la gravure ne le permettait pas.

Nous avons dit plus haut que l'entrée principale de la cathédrale se trouve entre les deux clochers. Nous avons fait remarquer, en parlant de la façade occidentale, que les trois portes étaient primitivement en retraite de toute l'épaisseur des clochers; c'est après la seconde travée actuelle que se trouve cet emplacement. L'ancien porche à jour ayant été détruit, on avança la nef vers l'Ouest, augmentant ainsi de deux travées la longueur de l'église. Néanmoins la face interne de chacun des clochers, se trouvant maintenant dans l'intérieur de l'église, ne put être appropriée d'une manière semblable aux autres parties de la nef. Il y a là une disparate qu'il eût été impossible de faire disparaître sans causer de grands dommages à ces faces de clochers; le moyen âge a renoncé à corriger cette irrégularité, et probablement les temps modernes en feront autant.

On voit sur le plan du clocher neuf (Nord) une porte percée dans son côté Nord; le clocher Sud en a une pareille dans sa paroi Sud, que la gravure n'a pas reproduite, parce qu'étant murée aujourd'hui elle a échappé au dessinateur. La partie basse, ou le rez-de-chaussée des deux clochers, servait primitivement de vestibule. Ce n'est que depuis une trentaine d'années qu'on y a établi des chapelles.

A l'extrémité et à l'extérieur de chacun des transepts il y a un vaste porche, dont nous aurons occasion de parler un peu plus loin. Contentons-nous de faire remarquer qu'ils donnent accès dans l'église, chacun par trois grandes portes. En avant de ces portes, on voit la base des piliers et des colonnettes qui supportent les arcades formant ces vastes portiques, l'une des choses les plus remarquables de la cathédrale de Chartres; plus en avant encore est l'indication de leur emmarchement.

Outre ces grandes et belles portes, qui livrent passage au public lorsqu'il pénètre dans ce monument, il y en a d'autres qui servent au service privé de l'église. En voici l'énumération :

La porte de la sacristie;

Une petite porte, plus à l'Est, conduisant à une sacristie accessoire et de petites dimensions, portant le nom de chapelle des Sourds;

Deux petites portes basses, percées dans le mur du chevet et conduisant, l'une dans le palais épiscopal et l'autre dans la bibliothèque du Chapitre, par de petites galeries pratiquées avec science et avec goût dans l'épaisseur du mur.

Enfin, deux portes ont été percées au xivᵉ siècle pour aller, l'une à la chapelle de Saint-Piat, au premier étage de cette construction, l'autre dans la salle capitulaire, occupant le rez-de-chaussée de ce même édifice; celle-ci est aujourd'hui murée.

Outre ces différentes portes qui desservent l'église, il y en a neuf pour des escaliers conduisant aux parties supérieures de l'église, aux galeries et aux combles.

Nous ferons remarquer, en terminant l'examen de cette planche, que les années et les siècles ont fort peu modifié la simplicité primitive de ce vaste monument.

Du côté du Nord, on a ajouté une sacristie au xivᵉ siècle. Elle est formée d'une grande et haute salle à deux travées, éclairée par de larges fenêtres à meneaux découpés avec élégance dans leur partie supérieure.

Du côté de l'Est, au commencement du xivᵉ siècle, les chanoines firent élever la chapelle de Saint-Piat, édifice considérable et à deux étages, qui contient la salle capitulaire au rez-de-chaussée et une chapelle au premier étage.

Enfin, du côté du Sud, est la chapelle de Vendôme, qui fut construite en 1413 par Louis de Bourbon, comte de Vendôme, pour accomplir un vœu qu'il avait fait à la Sainte Vierge. Roulliard prétend que sa statue et celle de sa femme étaient contre le mur en face de l'autel; la description qu'il nous fait de ces sculptures nous fait penser qu'il faut entendre par là les deux statues de ce comte et de Blanche de Roucy, sa femme, qui se voient encore aujourd'hui contre la face extérieure de cette chapelle.

Cette chapelle a été construite, entre deux contreforts, en hors-d'œuvre de la cathédrale.

Le petit édifice que nous voyons indiqué au Nord au pied du clocher neuf contient le mouvement de l'horloge. Sa base est du XIIIe siècle, et la partie supérieure, formant premier étage, date du commencement du XVIe siècle.

Les grandes et profondes citernes qui occupaient presque tous les angles rentrants de ce plan de l'église, et qui se voient sur les plans anciens, ont toutes été supprimées, à cause des infiltrations qui se produisaient dans la crypte et dans les substructions de l'édifice.

PLANCHE III.

(Planche II de la table in-folio.)

PLAN A LA HAUTEUR DES GALERIES.

Après les détails dans lesquels nous venons d'entrer au sujet de la planche précédente, nous aurons peu de chose à dire sur ce second plan.

Ce qui frappe au premier coup d'œil, c'est la forme si visible de la croix, résultant de la rencontre de la nef et du chœur avec les transepts. L'intention symbolique étant connue et certaine, nous n'avons pas à en parler.

Les contours de cette croix sont accompagnés dans toute leur étendue par un triforium ou petite galerie garnie de colonnettes, supportant des arcs en ogive et formant une décoration élégante tout autour de l'intérieur du monument. Au moyen de cette galerie, fort étroite du reste, on peut suivre avec sécurité le contour de la nef, des transepts et du chœur, parties qui sont toutes de la même époque.

Ce triforium s'arrête à la grande façade Ouest, à l'extrémité de la nef, du côté de l'Ouest. Là se trouve, à la même hauteur, la grande rose occidentale, devant laquelle la galerie fait défaut, et l'on ne peut passer d'un clocher à l'autre.

Nous trouvons sur cette planche l'indication des nervures des voûtes hautes, qui n'ont point été indiquées dans la planche précédente. Nous reconnaissons que la nef est formée de neuf travées, puis d'un carré central, ensuite du chœur à quatre travées et d'un rond-point; enfin des transepts, ayant chacun trois travées.

En dehors de ces parties, nous voyons le dessus des toits situés au-dessous de ce plan. Les bas côtés de la nef et la première portion du chœur sont simples et à une seule pente.

Les chapelles et la seconde portion des bas côtés du chœur sont recouverts de toits, dont plusieurs sont de forme pyramidale.

Enfin, l'on domine la toiture des deux porches latéraux, celle de la sacristie et celle de la chapelle de Saint-Piat.

Les contreforts et les arcs-boutants, tranchés par les sections faites à une hauteur déterminée, ne paraissent point ici avec le volume considérable qu'ils nous ont montré plus bas.

Cette même planche nous permet de saisir la disposition et l'emplacement des huit tours et des clochers qui accompagnent le vaisseau de la cathédrale. On en voit ici la section qui, à chacune des tours, interrompt l'indication des pentes des toits, des bas côtés et des chapelles. En voici l'énumération :

Les deux grands clochers à la façade occidentale; leurs dimensions sont bien plus considérables que celles des six autres tours, comme le plan le fait bien comprendre ;

Deux tours à l'extrémité du transept Sud ;

Deux tours à l'extrémité du transept Nord ;

Et enfin deux tours placées sur les deux flancs du chœur.

Ces tours nombreuses, si elles eussent toutes été terminées et surmontées de flèches pyramidales, eussent produit un effet merveilleux. Elles n'avaient pas pour unique but la décoration ou l'embellissement du monument. Dans l'intention du constructeur, elles avaient une véritable fonction d'utilité : c'était de fournir, par des masses résistantes, des points d'appui robustes qui venaient renforcer les contreforts et les arcs-boutants. La hauteur considérable où s'élèvent les voûtes de la cathédrale et leur immense largeur réclamaient des moyens énergiques et d'une grande puissance pour résister à leur poussée considérable. En ceci, comme en tant d'autres points, il faut reconnaître combien, à cette époque reculée, la science de l'art de bâtir était perfectionnée en France, et combien la disposition savante de ces différents membres d'un monument avait pour résultat d'obtenir une solidité durable et un aspect satisfaisant pour la vue. Ces deux conditions ne sont jamais séparées dans les œuvres du moyen âge comme dans celles de l'antiquité ; en est-il de même dans les œuvres modernes ?

PLANCHE IV.

GRAND PORTAIL.

La porte d'un édifice est, de toutes ses parties extérieures, la plus importante. C'est dans sa construction, dans sa disposition et dans sa décoration que l'architecte met en œuvre toutes les ressources de la science et de l'art. C'est là que se trouvent toujours les inscriptions capitales; c'est là que la sculpture et la peinture déploient toutes leurs richesses et captivent notre attention pour nous plaire et pour nous instruire. Le nom même de *façade* donné à l'ensemble d'un portail exprime bien l'idée que l'on attache à cet ensemble de constructions; car, de même que la face d'un personnage exprime et représente à elle seule ce personnage tout entier parce que c'est sur le visage que se peignent les passions et le caractère de chaque individu, de même sur la façade d'un monument nous trouvons de suite des indications et des avertissements, sorte de préparation nécessaire à quiconque va pénétrer dans son intérieur.

La grandeur et la beauté d'une porte ont donc été, de tout temps et en tout pays, l'indice de l'usage et de l'importance du monument auquel elle donne accès. Le moyen âge en ceci, principalement en France, nous offre des exemples d'une incomparable beauté. Cette époque, vraiment extraordinaire, a produit à son origine des ouvrages qui l'emportent sur tout ce que nous connaissons des œuvres, justement vantées, de l'antiquité profane, grecque ou romaine. Il nous semble permis d'affirmer que, dans le monde occidental, rien ne saurait entrer en comparaison avec les portails des cathédrales de Paris, de Reims ou d'Amiens. Lorsque, par un faible effort de notre esprit, l'on se représente ces belles constructions, telles que les avaient conçues leurs auteurs et avant qu'elles n'eussent subi les outrages du temps et les injures, encore plus funestes, de la main des hommes, notre imagination ne peut rien se

figurer de plus splendide et de plus magnifique que ces belles pages
d'architecture avec leurs innombrables statues et leurs décorations,
répandues avec abondance et profusion sur d'immenses surfaces.

La cathédrale de Chartres n'est pas de celles qui frappent la vue par
la magnificence et la splendeur de leur grand portail; ce sont les deux
porches latéraux qui exciteront notre admiration. Ici, la façade occidentale forme comme un hors-d'œuvre à l'ensemble si harmonieux et si
homogène que le xiii⁰ siècle a produit. L'incendie qui avait dévoré la précédente cathédrale (celle du xi⁰ et xii⁰ siècle) n'avait point endommagé
la façade primitive; elle était encore en place, accompagnée des deux
clochers : l'un était entièrement achevé depuis une vingtaine d'années
seulement et devait être fort admiré; le second était privé d'une flèche
terminale. Quelque goût que l'on eût pour la nouveauté, on ne pouvait pas raisonnablement penser à refaire à neuf, au moins immédiatement, des constructions aussi énormes, et le maître des œuvres songea
plutôt aux moyens de souder ces portions de l'ancienne église à celle dont
il avait conçu le plan et qu'on devait désirer voir s'élever au plus tôt.

Quelles que soient les raisons qui nous aient conservé ces portions de
l'église du xii⁰ siècle, nous devons nous en féliciter, car nous trouvons là
des détails très précieux et pleins d'intérêt pour l'histoire de l'art et du
symbolisme à ces époques reculées. Le public et surtout les antiquaires
trouvent ici des compensations et sont amplement dédommagés; ils ne
songent pas, en présence de tels objets d'étude, à s'affliger de la disparate
qui existe entre le frontispice de la cathédrale et le reste du monument.

Examinons sommairement, en les énumérant, les différentes parties
que reproduit cette gravure d'ensemble. D'autres planches nous donne-
ront des détails; nous pourrons les examiner alors avec plus de facilité.

La façade entière peut se diviser en trois parties : une médiane, et
deux latérales formées par les clochers.

Les trois grandes portes que nous voyons au milieu, et les trois
hautes fenêtres qui les surmontent, faisaient partie de la façade de
l'église du xii⁰ siècle. Il faut savoir tout d'abord que cette façade, beaucoup moins élevée que celle qui existe aujourd'hui, n'était pas alors au

nu des faces antérieures des clochers. Elle était reportée en arrière de toute l'épaisseur de ces clochers, c'est-à-dire d'une dizaine de mètres. Entre ces deux clochers se trouvait à rez-de-chaussée un porche profond, s'ouvrant au dehors par trois arcades à jour, semblable aux porches de Vézelay, de Saint-Benoît-sur-Loire, de Paray-le-Monial et d'autres églises du xie et du xiie siècle. C'est au fond de ce vestibule, et à l'abri des intempéries atmosphériques, que s'ouvraient les trois belles portes, entourées de statues, de bas-reliefs et d'ornements sans nombre, aujourd'hui pâles et décolorés, mais apparaissant autrefois resplendissants d'or et enluminés des couleurs les plus vives et les plus harmonieuses. Des traces nombreuses en sont encore visibles.

Lorsque l'on peut examiner le monument sur place, on reconnaît avec évidence comment cette portion de façade a été transportée de sa première place à celle qu'elle occupe aujourd'hui. Les assises de pierre ne se suivent pas avec exactitude et n'ont aucune liaison avec les clochers; on retrouve à l'intérieur de l'église, sur les clochers, les mêmes moulures et les mêmes ressauts qu'à l'extérieur.

Au-dessus des trois portes règne une corniche supportée par des modillons sculptés suivant le style du xiie siècle; ce sont des têtes humaines ou des animaux fantastiques.

Sur cette corniche reposent les bases de deux faisceaux de colonnettes engagées, qui encadrent les trois fenêtres placées au-dessus des portes. De plus, de chaque côté de la fenêtre du milieu, il y a aussi des pilastres et des colonnettes qui supportent des groupes de sculptures à leur partie supérieure. D'un côté, on voit un lion dévorant une tête humaine qu'il tient entre ses griffes; de l'autre côté, il ne reste plus qu'une énorme tête de taureau. Ce sont des imitations, lourdes et grossières de ces représentations si fréquentes en Italie à la porte des églises, mais rares en France. La tradition et l'usage vont s'affaiblissant; ils existent cependant encore ici, et rappellent à notre esprit l'avertissement de l'apôtre saint Pierre : *Sobrii estote et vigilate quia adversarius vester Diabolus tanquam leo rugiens circuit, quærens quem devoret*, avertissement que les Offices de l'Église nous rappellent souvent et sous des formules variées.

4.

Les trois grandes fenêtres nous montrent aujourd'hui de grandes surfaces, sans aucune division ni aucun compartiment. Ordinairement, à cette époque, l'armature en fer qui supporte les panneaux est placée en dehors et forme une sorte de décoration, ôtant à une grande superficie la nudité qu'on peut blâmer ici. Nous attribuons cette imperfection à quelque restauration inintelligente faite autrefois à ces fenêtres : le démon de la restauration a passé par là.

C'est à cette hauteur que se termine la partie de la façade appartenant au xiiᵉ siècle. Avant de nous élever plus haut, remarquons la suite des claveaux qui, de chaque côté, se voient près des clochers. Ce n'est pas, comme on pourrait le penser, le commencement d'inclinaison du pignon primitif; il devait être un peu plus haut. C'est plutôt, pensons-nous, un arc de décharge destiné à reporter en dehors, contre la masse des clochers, le poids des constructions supérieures et à protéger les arcs formant le haut des fenêtres.

Au-dessus du bandeau ou corniche qui est au-dessus devait être le pignon de la façade primitive, qui laissait ainsi dégagée de toute construction la portion des clochers placée à cette hauteur. Qu'on se figure combien le clocher vieux, ainsi isolé, devait paraître élancé et élégant.

À la place de ce pignon primitif on a placé une grande rose, destinée à éclairer la nef de la nouvelle cathédrale, dont la hauteur surpasse de beaucoup celle de l'église du xiiᵉ siècle, soit que celle-ci eût une voûte en pierre, soit, ce qui est plus probable, qu'elle fût surmontée, comme l'église de Saint-Remy à Reims et d'autres églises contemporaines, d'une voûte en bois.

Nous aurons à nous occuper plus loin de cette rose, œuvre du commencement du xiiiᵉ siècle, en examinant la planche IX sur laquelle sont réunis les détails de son architecture et de sa sculpture. Nous ferons ici quelques remarques seulement. Ces immenses fenêtres circulaires qui se voient aux extrémités des nefs de nos grandes églises en sont un des plus beaux ornements. Celle-ci peut être mise au-dessus de tout ce que nous montrent nos monuments du moyen âge. Nulle part on n'en voit une aussi robuste, aussi ferme, et décorée avec autant de goût;

nulle part on n'en voit une offrant, comme celle-ci, les conditions de
solidité et de durée aussi savamment et aussi artistement combinées.
Ce ne sont pas de ces meneaux grêles et délicats qui nous surprennent
par leur élégance et leur légèreté; c'est une réunion de petites ouvertures, richement brodées sur les bords, dont l'ensemble forme à l'extérieur une immense décoration, circonscrite dans un grand cercle de
moulures et de feuillage sculpté, tandis qu'à l'intérieur les vitraux qui
garnissent ces ouvertures semblent, par un effet d'optique, ne former
qu'une seule fenêtre.

Il faut noter que le centre de cette rose n'est pas exactement au-
dessus de la porte principale. Il est reporté, d'une manière fort appréciable à la vue, sur le côté gauche; on ne saurait expliquer la cause
de cette irrégularité.

Au-dessus de la rose règne une corniche formée par des fleurons qui
datait du xive siècle. Depuis peu d'années, on les a refaits complètement
en se conformant au motif existant. Cette corniche supporte en encor-
bellement une balustrade derrière laquelle est un passage qui, à cette
hauteur, met en communication les deux clochers.

Au-dessus de ce passage se trouve la galerie des Rois. Cette rangée
de statues est un accessoire important et, pour ainsi dire, obligé des
portails des grandes cathédrales. Elle se compose ici de seize statues,
placées chacune sous une arcature ogivale et trilobée reposant sur des
colonnes. Il faut convenir qu'ici l'effet est loin d'égaler celui de la galerie
des Rois de l'église Notre-Dame à Paris. Nos statues paraissent placées
à une trop grande hauteur; elles cachent une partie du pignon supérieur et coupent d'une manière disgracieuse la base du grand triangle ou
pignon qui termine ordinairement les façades des églises du moyen âge.

Ces statues royales ont suscité bien des discussions et des contro-
verses. Quels sont les rois qu'elles représentent? Les archéologues ne
sont pas d'accord pour répondre à cette question. Pour les uns, ce
sont des rois de France; pour les autres, ce sont des rois de l'ancien
Testament, ancêtres de Jésus-Christ. On a souvent cité le passage d'un
manuscrit du xiiie siècle dans lequel un paysan, prenant la parole en

regardant les rois de la cathédrale de Paris : « Voilà, dit-il, Pépin, voilà Charlemagne »; mais on peut supposer qu'il faut prendre ces paroles dans un sens ironique et qu'on a voulu rappeler une erreur populaire. Le roi terrassant un lion serait alors David, et le roi tenant une croix serait Salomon prophétisant le supplice du Sauveur, et non Pépin le Bref ou Philippe Auguste.

Il nous semble que nous trouvons à Chartres même, dans la cathédrale, une représentation iconographique qui doit nous faire regarder ces statues comme des rois de Juda. La grande rose septentrionale nous montre peints sur verre douze de ces rois; leurs noms écrits auprès d'eux ne laissent à cet égard aucune incertitude, aucun doute possible. Ces rois, solennellement rangés en cercle, entourent dans les espaces célestes Jésus-Christ enfant, reposant sur les genoux de sa sainte mère, la Vierge Marie.

Ne devons-nous pas voir dans cette galerie seize rois de Juda, formant un cortège d'honneur auprès de Jésus-Christ et de la Sainte Vierge, qui sont placés au-dessus d'eux, sous un édicule, renfermant aussi deux anges?

Il faut noter que, parmi ces statues, la septième (en commençant par la gauche) est moderne. Un accident avait fait disparaître celle qui se trouvait là. Or, entre les mains de ce nouveau roi on a mis un rouleau sur lequel on lit : CAPITULARIA, donnant à entendre que la statue représentait Charlemagne, la restauration voulant consacrer l'opinion qui voit ici les rois de France. Cette restitution pourra, dans l'avenir, être une cause d'erreur pour les antiquaires, ce qui est certainement regrettable.

Puisque je suis en train de censurer les restaurations, j'ajouterai quelque chose encore à ce propos. La statue de la Sainte Vierge portant l'Enfant Jésus, et les deux anges qui les accompagnent, et dont nous venons de parler, sont aussi une œuvre moderne. Ces statues étaient dans un tel état de destruction qu'il fallut, dans ces dernières années, les refaire à neuf. Il faut convenir que ce travail a été fait avec grand soin et par un artiste de talent. Je me permettrai seulement de demander pourquoi l'on a mis des flambeaux entre les mains des anges au lieu des encensoirs que tenaient les statues anciennes? Il y avait ici une particularité qu'il faut consigner dans notre travail. Ces encensoirs étaient en cuivre, et leurs cordons formés par de fines tiges de fer. On trouvait là un exemple de l'association du métal et de la pierre dans la sculpture, association que les artistes contemporains pourraient considérer et imiter utilement. Aux meilleures époques de l'antiquité, et aussi assez fréquemment au moyen âge, ce procédé était employé. Certains détails, certains accessoires des statues ou des bas-reliefs présentent une grande fragilité et se cassent facilement s'ils sont exécutés en pierre ou en marbre; l'emploi du métal permet d'exécuter ces parties avec légèreté et solidité. Pourquoi l'art moderne n'admet-il point cette ressource ingénieuse? L'exemple que nous donnent les âges précédents ne pourrait-il pas être imité?

La pointe du pignon de cette façade supporte une grande statue de Christ. Il est debout, enveloppé d'une simple draperie, qui laisse apercevoir la plaie de son côté. Les mains ouvertes et étendues montrent la trace des clous dont elles furent transpercées. Lorsque l'on considère cette belle et simple figure du Sauveur, la mémoire vous rappelle une strophe de la Prose que l'on chantait il y a peu d'années dans nos églises le jour de l'Ascension, avant le regrettable changement de liturgie, cause de l'anéantissement de nombreuses traditions antiques dans les églises de France. Le sculpteur du xive siècle qui avait exécuté cette statue avait probablement présente à l'esprit cette strophe, que nous transcrivons ici :

Patri monstrat assidue
Quæ dura tulit vulnera,
Et sic pacis perpetuæ
Nobis exorat fœdera.

Après avoir examiné la partie médiane de la planche IV, nous allons porter nos regards sur les clochers qui l'accompagnent.

A droite, ou du côté méridional, est le clocher vieux. C'est une des plus belles productions de l'architecture du xiie siècle, et parmi les nombreux clochers se terminant par une flèche en pierre, c'est incontestablement celui de France qui occupe le premier rang.

Depuis sa base, qui repose sur un soubassement garni de moulures d'une exécution fort remarquable, jusqu'au sommet de la pyramide, on peut suivre une gradation de décorations qui accompagnent avec goût et avec intelligence la construction et la disposition de l'intérieur.

L'étage inférieur, ou rez-de-chaussée, contient une vaste salle, dans laquelle prend naissance un des deux escaliers descendant dans l'église souterraine. On entre dans ce vestibule par une porte située du côté du Midi et par deux autres situées côté du Nord. A l'extérieur, sur la face occidentale, sont deux petites fenêtres et deux arcades aveugles s'élevant assez haut et indiquant au dehors la hauteur de cette salle.

L'escalier dans sa partie supérieure est en hors-d'œuvre du côté Est.

Au-dessus de la corniche, ornée de modillons, est le sol d'un premier étage où se trouve encore une grande salle, dont la hauteur s'élève jusqu'à la seconde corniche accompagnée, comme la première, d'une rangée de modillons ou de corbeaux. Sur sa face extérieure nous remarquons deux fenêtres encadrées dans des arcades supportées par des colonnettes avec leurs chapiteaux; au-dessus, sont des arcades appliquées contre un mur plein, et dont la destination est d'orner avec simplicité une grande surface dont la nudité n'aurait rien de satisfaisant pour la vue.

Depuis le sol, que supporte la voûte de cette salle, jusqu'au sommet de la flèche, l'intérieur de ce clocher est entièrement vide. Avant les restaurations qui ont été faites après l'incendie de 1836, l'œil étonné plongeait dans les profondeurs de ce cône immense sans rencontrer aucun arrêt, aucun obstacle, aucun point saillant. Les parties inférieures étaient éclairées par les fenêtres basses et par les grandes lucarnes situées au-dessus; mais, toute la partie haute dans l'intérieur de la grande pyramide étant dans l'obscurité, on restait frappé d'étonnement par l'aspect fantastique de cette immense construction. Depuis l'incendie de 1836, un plancher en fer et en poterie, établi au bas de la pyramide, s'oppose à ce coup d'œil extraordinaire.

Si nous examinons l'extérieur de ces parties élevées, nous ne pouvons qu'admirer l'ingénieuse disposition des fenêtres et de leurs accessoires. Des lucarnes, surmontées de pyramidions et de gâbles percés à jour, s'élèvent plus haut et accompagnent avec grâce la base de la grande pyramide.

Les faces de cette pyramide sont décorées d'écailles et de gros cordons, fort saillants, interrompus de distance en distance par des têtes de monstres dévorants; ils se terminent à leur partie supérieure par des fleurons en forme de lis. Les angles sont aussi garnis de ces cordons, sur lesquels la lumière est comme accrochée, ce qui produit un effet des plus heureux pour la vue.

La sculpture des chapiteaux, des animaux fantastiques et des ornements les plus originaux, tout à fait remarquable, mérite d'attirer l'attention.

Nous sommes ici en présence d'une des merveilles de l'architecture française au XIIᵉ siècle, et nous devons tous admirer sans réserve ces beautés extérieures; pour l'homme de l'art et pour le théoricien pouvant se rendre compte des difficultés de construction et d'exécution qui se sont rencontrées pendant qu'on élevait dans les airs cette flèche gigantesque, l'étonnement et l'admiration ne peuvent se lasser dans leur contemplation.

La solidité de ce clocher n'est pas moins surprenante que sa beauté. Voici près de huit siècles qu'il affronte les injures destructives des intempéries, si violentes dans ces régions élevées de l'atmosphère, et pendant ce laps de temps il a subi les épreuves de deux incendies effroyables sans être ébranlé.

Lorsqu'on regarde attentivement sa partie supérieure, on aperçoit au sommet des indices d'une restauration qui ne semble pas fort ancienne. La pierre n'est pas de la même couleur et les écailles ne sont pas d'un travail aussi soigné que dans la partie inférieure de la pyramide. Nous avons pu nous convaincre de ce fait, et nous pouvons en donner la date.

Après l'incendie de 1836, on fit faire à l'intérieur de cette flèche des échafaudages afin d'examiner si la construction n'avait pas subi quelque avarie. J'eus la curiosité de monter sur ces échafaudages, et arrivé presque au sommet, à la hauteur où se trouve, du côté de l'Est, une petite fenêtre et où commence l'échelle de fer qui va de ce point au pied de la croix, j'ai pu copier l'inscription suivante, gravée sur une des pierres qui font partie de la construction :

> M · DE · MONTIGNI ·
> ABBÉ · D'IGNI · ET
> DOYEN · DE · CETTE
> ÉGLISE · M'A · POSÉE ·
> LE · 5 · JUILLET · 1753 ·

Je n'ai pu avoir la mesure exacte de la partie du clocher refaite à cette époque; on peut l'évaluer à environ 12 mètres.

Nous n'avons pas mentionné au rez-de-chaussée de ce clocher une statue d'ange, tenant un cadran solaire, parce qu'elle appartient autant à la face Sud qu'à celle du couchant. La statue est du xiie siècle, mais le cadran a été refait au xvie. Il ne faut pas le passer sous silence.

Du côté gauche de la façade, ou au Nord, s'élève le clocher neuf. La salle du rez-de-chaussée, comme celle du clocher que nous venons de décrire, sert aussi de vestibule et contient un des deux grands escaliers par où l'on descend dans les cryptes, ainsi que nous l'avons dit ailleurs. Les deux étages inférieurs sont contemporains du clocher vieux et les dispositions en sont pareilles. La décoration des fenêtres et des arcades qui les entourent est semblable aussi, quoique moins riche et moins élégante.

A la hauteur de la galerie des Rois, la tour reste carrée, mais la date de la construction n'est plus la même; à partir de ce niveau jusqu'à l'arc de la grande fenêtre que nous voyons ici, c'est une œuvre du xive siècle. Puis, le sommet de cette fenêtre et le haut de ce même étage ont été exécutés au xve siècle et font partie de la flèche qui termine ce clocher. Précédemment, un clocher en bois, recouvert de plomb, occupait ce sommet du clocher Nord. Il fut dévoré par un incendie en 1506, comme cela se lit encore sur une table

de pierre placée à l'intérieur, sur laquelle est gravée l'inscription
suivante en trois strophes de huit vers :

> Je · fu · iadis · de · plomb · et · boys · conſtruit ·
> grant · hault · et · beau · de · comptueux · ouvraige ·
> inſques · ad · ce · que · tonnerre · et · oraige ·
> m'a · conſume · degaſe · et · deſruit ·
> le · iour · Sainte · Anne · vers · ſix · heures · de · nuyt ·
> en · l'anee · mil · cinq · cens · et · ſix ·
> ie · fu · brule · demoly · et · recuyt ·
> et · avec · moi · de · groſſes · cloches · ſix ·
> apres · meſſieurs · en · plain · chapitre · aſſis ·
> ont · ordonne · de · pierre · me · reffaire ·
> a · grant · voulſes · et · pilliers · bien · maſſifs ·
> par · Jehan · de · Beauſſe · macon · qui · le · ſut · faire ·
> l'an · deſſu · diſt · apres · pour · l'euvre · faire ·
> aſſonar · firent · le · vint · quatrieme · iour ·
> du · moys · de · mars · pour · le · premier · affaire ·
> premiere · pierre · et · autres · ſaus · ce · iour [1] ·
> et · en · avril · huitieſme · iour · expres ·
> Pene · d'Jliers · eveſque · de · reguon ·
> pardiſt · la · vie · au · lieu · duquel · apres ·
> fenst · Erard · mis · par · poſtulacion ·
> en · ce · temps · la · que · nous · avons · neciſſite (?) ·
> avoit · des · geus · qui · pour · moy · lors · veilloient ·
> du · bon · du · coeur · fenſt · pver · on · eſſe ·
> Dien · le · pardout · et · a · ceulx · qui · ſy · emploient

1506

C'est sur le sol qui recouvre la voûte de cet étage ou de cette salle
que prend naissance la flèche du clocher neuf[2]. A cet endroit et der-

---

[1] C'est-à-dire sans séjour. — [2] Les cloches de la cathédrale sont aujourd'hui à cet
étage.

rière la seconde balustrade elle a pour bases ou pour points d'appui huit piliers, qui déterminent sa forme octogonale et que renforcent quatre autres piliers, un à chaque angle de la tour. Chacun de ces quatre piliers angulaires reçoit deux arcs-boutants, qui vont en remontant s'appliquer contre la grande flèche et affermissent sa base. La flèche, depuis cet endroit jusqu'au sommet, est construite avec une extrême élégance, et toutes ses surfaces, fort compliquées, sont couvertes de sculptures à jour d'une extrême délicatesse. Au milieu de ces petites pyramides, de ces clochetons et de ces pinacles, où les motifs d'architecture les plus variés sont répandus à profusion, on remarquera que l'élément hagiographique n'est pas absent et qu'il vient là, comme dans toutes les productions du moyen âge, apporter la vie et la pensée. Chacun des quatre piliers angulaires dont nous venons de parler abrite, sous des dais très finement sculptés, trois statues de saints : ce sont les Apôtres, accompagnés des signes caractéristiques qui les font reconnaître. Toutefois, il y a ici une infraction à la nomenclature habituelle ; car, parmi les personnages figurés, on reconnaît saint Jean-Baptiste à son agneau et à la légende *ecce agnus Dei* qu'il tient en main. Saint Jean étant l'un des grands patrons de la cathédrale, on l'a mis à cet endroit à la place de l'un des douze Apôtres ; il remplace saint Jude. Aux pieds de chaque saint, il y a les écussons portant les armoiries, fort mutilées aujourd'hui, d'un donateur.

Ce n'est pas tout. Si vous élevez votre regard un peu plus haut, vous pourrez distinguer, sur cette planche IV, la statue de Jésus-Christ, complétant cette assemblée sacrée. Cette statue est placée sur le gâble à jour qui surmonte l'arcade du milieu. Le Sauveur est représenté bénissant de la main droite, et de la gauche tenant le globe du monde. Sur ce globe est implantée une croix en fer, garnie de pointes sur lesquelles on peut assujettir des cierges. Il est peu probable que le vent, qui règne toujours avec violence à cette hauteur, ait jamais permis d'y faire une illumination durable. Les pieds du Christ écrasent un démon, dont la figure énergique et violente est sculptée à cette place. Sur le soubassement de cette statue, à sa partie postérieure, on lit, écrite en beaux et grands caractères gothiques, cette inscription :

1513

Jehan de Beance macon qui
a faict ce clocher m'a faict faire

Que n'avons-nous pu trouver aussi en quelque coin la signature du maître des œuvres, de l'architecte de la grande cathédrale du XIIIe siècle ?

Malgré ce qui a été avancé au sujet de cette prétendue humilité si fort admirée chez les artistes du moyen âge, je suis convaincu, pour ma part, qu'il y a ici erreur et exagération. En aucun temps, en aucun pays, un homme de génie et de talent ne s'est soustrait aux justes éloges que ses œuvres méritaient. Que ces hommes aient donné des preuves de désintéressement, on ne peut en douter ; car, pour eux, les richesses de ce monde n'étaient point ce qu'ils enviaient le plus : ils en faisaient bien souvent le sacrifice avec générosité ; ce dont ils étaient avares, c'était de la gloire et des louanges, *præter laudem nullius avari*. Ces louanges et cette honorable réputation, on en était aussi désireux au moyen âge que dans l'antiquité, et plus que de nos jours, où l'on met le profit en première ligne. Nous accordons volontiers que parmi ces artistes la vertu d'humilité et d'abnégation fut pratiquée par eux : mais comment leurs contemporains ne les ont-ils loués et célébrés ? Dès les temps les plus anciens, nous voyons Moïse inscrire dans les livres saints et nous transmettre avec de magnifiques éloges les noms des artistes Beséléel et Ooliab, qui travaillèrent à la construction du tabernacle et de ses accessoires. L'Italie du moyen âge nous a conservé avec un soin jaloux beaucoup de noms de ses artistes et nous les cite avec orgueil. Comment expliquer que nous n'ayions de notre moyen âge, et surtout de la belle époque des XIIe et XIIIe siècles, le nom de presque aucun de ces hommes de génie qui ont produit alors tant de chefs-d'œuvre dans tous les genres. Par quelle inexplicable fatalité la France a-t-elle laissé tomber dans le gouffre ténébreux de l'oubli le souvenir de ses artistes et de ses poètes, à la plus belle période de sa gloire ! Voilà un sujet d'études et de méditations bien digne d'occuper les philosophes, et je ne puis douter que ces questions ne soient éclaircies quand on daignera s'en occuper.

Achevons cependant notre description, en nous élevant dans les plus hautes parties du clocher neuf.

L'étage qui se trouve à la même hauteur que la statue du Christ est un chef-d'œuvre d'élégance et de légèreté qui séduit les regards ; le mérite de cette construction a d'autres avantages que de plaire aux yeux. La science et l'art qui ont inventé et exécuté cette œuvre satisfont notre esprit et augmentent notre admiration. Cette planche, et d'autres que nous verrons plus loin, permettent de se rendre compte des combinaisons et des moyens employés par Jean de Beauce dans cette création de son génie. Toutefois, il nous semble indispensable, si l'on veut en connaître tout le mérite, de venir faire cette étude sur place, en présence du monument lui-même.

L'étage où nous sommes contient une salle octogonale, dont la voûte en pierre a pu arrêter l'incendie de 1836 et l'empêcher d'atteindre le beffroi auquel est suspendu le timbre de l'horloge. Il y a dans cette salle une grande cheminée, dont le tuyau, disposé avec intelligence, traverse les sculptures et les ornements supérieurs, sans se dissimuler et sans nuire aux décorations environnantes. Une cheminée est indispensable en cet endroit, car c'est là que se tiennent les guetteurs ; ils sont exposés pendant les longues nuits d'hiver à la rigueur du froid et du vent, qui ne seraient pas supportables sans le secours d'un peu de feu. En 1674, la négligence de ces hommes occasionna un incendie dont on a voulu conserver le souvenir dans l'inscription suivante, fixée au mur :

OB VINDICATAM SINGULARI DEI MUNERE
ET A FLAMMIS ILLÆSAM HANC PYRAMIDEM
ANNO 1674 NOVEMB. 15 PER INCURIAM VIGILŪ
HIC EXCITATO AC STATIM EXTINCTO INCENDIO
TANTI BENEFICII MEMORES SOLEMNI POMPA
GRATIIS DEO PRIUS PERSOLUTIS DECANUS
ET CAPITULUM CARNOTENSE HOC POSTERI
TATI MONUMENTUM POSUERE

On a aussi gravé, au-dessus d'une des deux portes de cette salle,
cette pensée que contient le psaume CXXVI (verset 1), et dont le sens
est bien applicable à ceux qui occupent ce poste d'observation :

NISI DOMINUS CUSTODIERIT
CIVITATEM FRUSTRA VIGILAT
QUI CUSTODIT EAM

Au-dessus de cette salle est le dernier étage, formé par une lanterne
ou galerie à jour, dans laquelle est une charpente supportant le timbre
de l'horloge. C'est une belle cloche, pesant environ 5,000 kilogrammes,
et dont la circonférence dépasse six mètres ; à sa partie inférieure, on
lit sur deux lignes l'inscription suivante, composée de trois distiques
écrits en beaux caractères gothiques :

𝕱acta ad fignandos folis luneque labores
Ꭼvehor ad tante culmina celfa domus
Ꭺnnus erat Chrifti millefimus adde priori
Ꝗuingentos numero bif quoque iunge decem
𝕴llo quippe anno quo Francus convenit Ꭺnglum
𝕻erpetuaque fimul difcubnere fide

Au-dessus est le nom du fondeur : *Petrus Savyet me fecit.* On voit
aussi, entre les vers, des ornements, tels que des monogrammes de Jésus
et de Marie, les armes de France, des dauphins, et la tunique de Notre-
Dame, telle qu'elle fut adoptée au xve siècle pour les armes du Chapitre.

Cette inscription ne nous donne pas seulement la date de la cloche ;
elle fait allusion à un fait historique, l'entrevue du Camp du drap d'or
entre François Ier et Henri VIII ; elle nous apprend le nom du fondeur
et se pare d'ornements royaux et ecclésiastiques.

C'est au-dessus de cette lanterne à jour que commence la flèche
aiguë qui s'élance dans les airs avec élégance et légèreté. Ses faces
sont recouvertes d'imbrications à nervures comme des feuilles, et les
angles sont renforcés par des cordons, d'où sortent de distance en distance des expansions végétales, en forme de crochets recourbés, qui
ôtent à cette pyramide l'uniformité de la ligne droite.

La pointe extrême de ce clocher ayant été ébranlée et fort endommagée par un violent ouragan le 12 octobre 1690, on fut obligé de la
refaire à neuf, ainsi que nous l'apprend Sablon, l'un des historiens de
la cathédrale. En 1691, cette pointe du clocher fut rétablie, en pierre
de Vernon, sous la conduite de Claude Auger, artiste lyonnais, qui
l'éleva de 41 pieds plus haut qu'elle n'était, et, pour affermir davan-
tage son ouvrage, il reprit et reposa les assises à plus de 20 pieds au-
dessous de la fracture. Le même artiste fit exécuter un support en
cuivre pour la croix qui est au sommet du clocher. Autour de ce support, des serpents s'entrelacent et forment une garniture à jour. Sur
le renflement de ce support il y a, d'un côté, une Vierge assise sur des
nuages, portant l'Enfant Jésus sur ses genoux : le relief est assez peu
saillant; du côté opposé on lit l'inscription suivante :

OLIM LIGNEA TECTA PLVMBO DE CŒLO TACTA DEFLAGRAVIT ANNO M D VI VIGILAN-
TIA VASTINI DES FVGERAIS SVCCENTORIS
ARTE JOANNIS DE BELSIA M D XVII AD SEXPEDAS LXII OPERE LAPIDEO EDVCTA STETIT
AD ANNVM M D C LXXXX QVO VENTORVM
VI CVRVATA AC PŒNE DISJECTA SED INSEQVENTI ANNO M DC LXXXXI PARI MENSE
DIE PROPE PARI QVATVOR PEDIBVS ALTIOR OPERE
MVNITIORI REFECTA JVSSV CAPITVLI D. HENRICO GOAVLT DECANO CVRA ROBERTI DE
SALORNAY CANONICI ARTE CLAVDI AVGÉ LVGDVNENSIS
CONFERENTE IN SVMPTVS MILLE LIBRAS PHILIP. GOVPIL CLERICO FABRICÆ SACRVM
NVBIBVS CVLMEN INFERT QVOD FAXIT DEVS ESSE DIVTVRNVM
IGNACE GABOIS FONDEVR

Cette inscription est formée de cinq lignes superposées. Les caractères sont en relief, excepté la signature du fondeur, qui est gravée en
creux.

Après avoir ici examiné étage par étage les dispositions et la construction de ces deux clochers, et après avoir passé plusieurs années à
leur pied, je demande la permission de résumer en peu de mots l'impression qu'ils produisent sur notre esprit.

Premièrement : ces deux clochers, d'époques fort différentes, sont
chacun dans leur genre une démonstration manifeste de la supériorité
de l'art français au moyen âge sur celui des autres pays. Strasbourg,
Vienne, Anvers, ont des flèches beaucoup plus élevées que celle de

Chartres, on ne peut le nier; en Angleterre et en Suisse, on voit des clochers tout à jour et d'une légèreté de sculpture extraordinaire. Cela n'est pas contestable; mais sous le rapport du bon goût et du bon sens nous ne connaissons rien qui l'emporte sur les œuvres françaises, dont la cathédrale de Chartres nous donne des exemples si précieux.

Secondement : le clocher du xiⁱᵉ siècle, œuvre simple, robuste et inébranlable, rappelle à notre pensée la puissance épiscopale et ecclésiastique aux époques où cette puissance était si grande et si respectée, aux époques où les sciences, les lettres et les arts étaient cultivés avec ardeur et désintéressement dans les écoles et dans les monastères. Le monde traversait en ce moment ce qu'on pourrait appeler la phase de l'autorité et de la théocratie. Les hommes de ces temps héroïques étaient soulevés et emportés par un enthousiasme qui leur a fait produire des merveilles en tout genre. C'est le siècle des grands poëmes, des grands monuments et des Croisades!

Le clocher du xvᵉ siècle, construction élégante et légère, mais fragile, nous transporte à ce moment brillant où toutes les connaissances humaines, s'émancipant et secouant le joug de toute autorité, ont produit des œuvres élégantes et légères aussi, comme les monuments contemporains, dont le charme et la grâce captivent et enchantent ceux qui les voient; mais elles ne présentent plus les mêmes conditions de stabilité et de durée. Le monde s'est transformé; il se vante de renaître. Les traditions antiques sont abandonnées; elles tombent dans le dédain et l'oubli. En pratique, en réalité elles ont cessé d'exister, quoiqu'en théorie elles conservent une apparence de vie; mais ce n'est qu'une vie factice, et seulement un sujet d'occupation et de discussion pour les savants et les érudits.

Pour nous, hommes du xixᵉ siècle, faut-il se réjouir de cette évolution dans les habitudes humaines, ou faut-il en gémir? C'est une question à laquelle je ne me permettrai pas de répondre. Je laisse à nos maîtres la tâche de prononcer un jugement. Mais tous, nous sommes obligés de méditer sur ces questions intéressantes.

Il nous reste à examiner sur cette planche, avant de la quitter, les deux parties que l'on aperçoit de chaque côté des clochers : ce sont les extrémités des transepts qui se projettent en dehors du corps de la cathédrale.

A chacun de ces deux côtés, nous voyons une des tours non terminées qui flanquent les portails latéraux. Le parti de décoration adopté par l'architecte n'est pas identique, comme l'examen le fait reconnaître.

Plus au dehors sont les profils des deux porches latéraux, pour lesquels aussi la variété de composition existe pareillement. Le porche du Midi est orné de statues et de clochetons sur sa partie supérieure : cela n'a jamais existé du côté du Nord ; il est vrai que ce dernier n'est pas terminé.

Au sujet de ces deux porches, nous ferons deux remarques :

1° Par une exception fort rare (je n'en connais pas d'autre exemple dans l'architecture du moyen âge) on trouve en ces deux constructions, si remarquables à tous égards, l'emploi de la plate-bande remplaçant l'arc en plein cintre ou l'arc en ogive;

2° Le contrefort qui s'élève jusqu'au haut de l'édifice est en porte-à-faux et s'interrompt au niveau du toit des deux porches. Par ce système d'allégement, la lourde masse de ces contreforts se trouvant supprimée en approchant du sol, les sculptures avoisinant les portes prennent une expansion et une importance que rien ne vient arrêter.

Du côté du Sud, on aperçoit au pied du clocher vieux la statue d'un ange, surmontée d'un dais et soutenant un cadran solaire : nous en avons fait mention plus haut.

Du côté du Nord, est un petit édicule refait au xvie siècle, contenant, comme nous l'avons dit, le mouvement de l'horloge. Tout à fait à gauche on aperçoit le bâtiment de la sacristie, dont on voit une des deux fenêtres.

N'oublions pas de mentionner, tant à droite qu'à gauche, deux de ces petites portes signalées dans notre description de la crypte, lesquelles sont percées au bas dans le massif des contreforts.

Enfin, par une dernière observation, nous signalerons la crête qui couronne le haut du toit dans cette planche et dans d'autres de ce même ouvrage; c'est une chose projetée et non exécutée.

PLANCHE V.

TYMPAN DE LA PORTE CENTRALE.

On ne voit dans cette gravure que le tympan de la porte du milieu de la façade occidentale représentant ce qu'au moyen âge on appelait une MAJESTAS. C'est Jésus-Christ dans sa splendeur, bénissant le monde de la main droite et soutenant de la gauche le livre des Évangiles posé sur ses genoux. La tête est entourée d'un large nimbe crucifère; le Sauveur est assis sur un trône fort simple et sans dossier; les pieds sont posés sur un scabellum. Une auréole de forme elliptique entoure le personnage tout entier et figure la splendeur de la gloire divine. Les quatre signes des Évangélistes accompagnent cette grande figure et sont placés près de lui. Tout autour de ce bas-relief on remarquera ces ondulations que les artistes du moyen âge employaient pour représenter les nuages; ils nous montrent ici que la manifestation glorieuse qui nous apparaît est dans le ciel.

Ces sculptures étaient primitivement peintes et dorées. On en trouve encore aujourd'hui des traces évidentes, et l'on peut apercevoir près des nuages des bandes parallèles et ondulées ainsi disposées, allant de dedans en dehors : une bande bleue, une rouge, une jaune, une rouge. Elles sont nuancées et figurent l'arc-en-ciel, comme le dit l'Apocalypse : *Iris erat in circuitu sedis, similis visioni smaragdinæ.*

La partie inférieure de ce tympan forme une bande horizontale dans laquelle sont les douze Apôtres. Ils sont assis et rangés trois par trois sous de petites arcades richement ornées et s'appuyant sur cinq colonnettes. Leur tête est entourée du nimbe et leurs pieds sont nus. Aux deux bouts de cette zone de personnages, il y a deux autres statuettes de même dimension, représentant des hommes debout, non nimbés et les pieds chaussés; aucun signe ne les caractérise. L'ensemble de ces figures, rangées d'une manière hiératique, rappelle la disposition que nous trou-

6.

vous sur les sarcophages chrétiens des premiers siècles. Il y a là une tradition d'usages antiques que nous croyons importante à signaler.

Dans les voussures qui entourent ce grand bas-relief on voit des anges et les vingt-quatre vieillards de l'Apocalypse tenant un vase et un instrument de musique. Ils forment la cour céleste qui environne le trône de Dieu et célèbrent sa gloire.

La sculpture de cette partie, comme celle des autres tympans et des statues de ce portail, mérite d'attirer notre attention d'une manière toute spéciale par son style hiératique et, au premier abord, étrange. Les têtes sont pleines d'expression et vivantes. Les draperies sont traitées avec un soin minutieux; les étoffes souples et légères forment des plis fins et serrés ayant la plus grande analogie avec la sculpture grecque des temps primitifs. Nous sommes fort porté à croire que les sculpteurs qui ont exécuté toute cette statuaire ont eu pour modèles des dessins et des types fournis par des artistes grecs ou byzantins; cependant cela ne suffit pas pour expliquer comment ces œuvres ont une ressemblance si grande avec le style éginétique qui se montre ici d'une manière si frappante. La grande figure du Christ et la gloire elliptique qui entoure sa personne sont taillées dans un seul bloc de pierre, laquelle est plus dure et d'un grain plus fin que les autres parties de ce bas-relief.

On retrouve en plusieurs endroits, en France, des statues de ce style singulier. Il y en a dans le Midi, à Saint-Gilles, et, dans le Nord, au Mans, à Bourges et à Angers. Il y en a quelques échantillons à l'abbaye de Saint-Denis; mais, pour la finesse de l'exécution, nous ne connaissons rien de comparable à ce que nous voyons à Notre-Dame de Paris (porte Sainte-Anne) et à la cathédrale de Chartres. Nous ajouterons que pour nous, comme nous espérons le démontrer dans un travail spécial, ce sont les mêmes sculpteurs qui ont exécuté ces statues, à Chartres et à Paris. Il y aurait à ce sujet des recherches curieuses à faire et, aujourd'hui où la photographie a fait de grands progrès, il serait à désirer qu'elle fût largement employée à reproduire ces types, qu'aucun dessinateur ne saurait parvenir à copier d'une manière satisfaisante.

PLANCHE VI.

TYMPAN DE LA PORTE DE GAUCHE.

Le sujet que nous offre cette planche est encore aujourd'hui inexpliqué. C'est une composition symbolique, dont nous n'avons pas la clef et dont nous ne connaissons pas un second exemple dans les monuments du moyen âge. On ne le trouve ni en France, ni en Italie. ni en Grèce, dans les peintures ou les sculptures des églises. Les miniatures des manuscrits, mine si riche et si abondante, ne montrent rien de semblable. Nos recherches dans les textes et nos informations auprès de savants capables de nous renseigner n'ont pu nous donner la signification de ce bas-relief. Nul doute que dans l'origine une page de sculpture aussi importante, et par elle-même et par la place qu'elle occupe, n'ait été accompagnée d'inscriptions; mais tracées simplement au pinceau, le temps les a fait disparaître avec le reste de la coloration qui rehaussait les sculptures. L'interprétation est devenue par suite fort difficile, pour ne pas dire impossible. Espérons cependant qu'un jour quelque texte ignoré de nous tombera sous les yeux d'un érudit travailleur, et nous rendra la connaissance de ce que lisaient clairement les fidèles au xiie et au xiiie siècle, lorsqu'ils s'arrêtaient devant ce portail pour en admirer la beauté et se pénétrer de l'enseignement que leur offraient ces splendides images. En attendant, nous devons signaler cette lacune dans la science des symboles à tous ceux qui par leurs études se trouvent en présence fréquente des œuvres du moyen âge: nous souhaitons qu'ils puissent la combler, et nous avouons tout d'abord notre ignorance à ce sujet.

Tous les auteurs qui ont décrit cette partie de la sculpture chartraine ont cru voir ici la représentation d'une Ascension. Je vais essayer de montrer que cette explication n'est pas admissible. La composition que nous avons sous les yeux diffère complètement de toutes les Ascensions connues, et le nombre en est grand cependant. On sait, en effet, que ce sujet est l'un de ceux qui ont été le plus fréquemment reproduits sur les monuments ecclésiastiques et dans les tableaux. Les fidèles attachaient une grande importance à placer devant leurs yeux cette scène qui termina la mission de Jésus-Christ parmi les hommes. Depuis les premiers siècles de l'Église jusqu'à la fin du moyen âge, on s'est conformé pour cette représentation, comme pour bien d'autres du reste, à une sorte de type dont l'uniformité est digne de remarque. L'ensemble de la composition et les détails sont à peu près identiques. L'invention première appartient à la Grèce, et l'Occident l'a adoptée sans l'altérer d'une manière notable. La cathédrale de Chartres ne nous en offrant aucun autre exemple, il ne sera pas inutile d'exposer ici en quelques mots l'ordonnance de cette composition, afin qu'on puisse la mettre en parallèle et la comparer avec le bas-relief que nous avons sous les yeux.

Il faut donc savoir qu'aux époques primitives et dans le haut moyen âge on trouve deux manières de représenter l'Ascension.

La première est le type oriental ou byzantin. Voici en peu de mots quelle marche suivaient ici les peintres et les sculpteurs :

Sur une sorte de montagne, indiquée par une légère éminence du sol dans sa partie médiane, on voit les personnages suivants : au milieu la Sainte Vierge debout, les bras étendus en signe d'admiration et d'étonnement; elle lève la tête pour regarder le ciel, que semblent indiquer d'un geste énergique deux hommes ou deux anges placés à ses côtés. De droite et de gauche : les douze Apôtres formant deux groupes; derrière eux, des arbres. Dans la partie haute du tableau, Jésus-Christ, assis sur un trône ou sur un arc-en-ciel, entouré d'une auréole, soutenue par des anges qui l'enlèvent dans les cieux.

Dans la seconde manière, que nous pourrions appeler latine ou carlovingienne, on voit Jésus-Christ s'élevant (ordinairement de profil) et quittant le sommet d'une colline, tenant d'une main une petite croix et élevant l'autre vers le ciel, d'où l'on voit sortir des nuages la main puissante de Dieu le Père, qui saisit celle de son fils pour l'introduire dans le séjour de la gloire.

Tels étaient les deux principaux systèmes figurant l'Ascension dans les temps les plus anciens. A une époque plus récente, ne remontant pas plus haut que le VIIIe ou le IXe siècle, les artistes employèrent une troisième manière, à laquelle se conformèrent, en Occident, les siècles suivants. Le Christ, au lieu de monter avec majesté entouré d'une auréole de gloire, fut représenté au moment où il disparaît dans les nuages; on aperçoit encore ses pieds et le bas de son vêtement, mais la tête et la partie supérieure du corps ont déjà disparu dans la nuée céleste. Cette modification semble moins conforme au récit évangélique et n'a pas autant de dignité que la première manière.

Trouvons-nous dans le bas-relief que nous examinons quelque ressemblance avec les tableaux ou compositions que nous venons de décrire? Non, certainement. Et cependant l'espace où le sculpteur pouvait représenter cette composition était bien favorable pour la disposition de ses personnages; rien ne le gênait pour suivre dans son travail les prescriptions auxquelles les artistes se soumettaient habituellement, par suite d'un accord tacite, ou plutôt pour obéir à la règle imposée par l'autorité ecclésiastique. Dans le haut moyen âge, les mêmes scènes sont représentées d'une manière tellement identique, qu'il est impossible de ne pas les reconnaître au premier coup d'œil.

Décrivons le bas-relief qui nous occupe, et nous pourrons mieux nous convaincre qu'il n'a aucun rapport avec le type consacré pour figurer une Ascension.

L'ensemble de ce bas-relief est formé par trois zones de sculptures. Dans la partie supérieure, au sommet de l'ogive, on voit trois personnages : au milieu, le Christ; au-dessus de sa tête, une colombe (le Saint-Esprit), et à ses côtés deux anges. Ces trois figures sont encadrées par une bande étroite de nuages, pour montrer que la scène se passe dans le ciel. Dans la seconde zone, placée au-dessous, quatre anges émergent avec symétrie d'une bande horizontale de nuages. Ils semblent par leurs gestes et par l'expression de leurs figures mettre en communication la scène supérieure, où se trouve le Christ, avec les personnages qui occupent la zone inférieure; ceux-ci, en effet, élèvent leurs têtes en se détournant comme pour jouir de cette apparition et pour écouter les voix célestes qui les inspirent. Ce sont dix Prophètes ou dix Apôtres assis sur une sorte de banc ou de trône continu. Leur tête est nimbée, leurs pieds sont nus; ils tiennent dans leurs mains ou une banderole, ou un volumen, ou un livre. Ces détails iconographiques caractérisent les personnages sacrés de l'ancienne et de la nouvelle loi. Les petites arcades ornées de feuillage sous lesquelles s'abrite leur tête forment une suite de dais honorifiques et confirment leurs prérogatives de sainteté. Voilà ce que nous présente ce superbe tympan; nous demandons encore une fois si cela nous rappelle le type d'une Ascension, et encore une fois nous répondons négativement.

Il est nécessaire maintenant d'étudier en détail la partie supérieure du bas-relief. Nous reconnaissons que de regrettables mutilations, suite des injures du temps, ont fait disparaître les mains et une partie des avant-bras des trois personnages. Cette altération de la sculpture contribue à rendre le sujet plus difficile à expliquer, puisque l'on ne peut plus voir comment les membres étaient disposés, ni savoir ce que les deux anges tenaient dans leurs mains. La mutilation des mains du Christ et des avant-bras des anges cause une lacune qui rend bien difficile l'explication du bas-relief. L'examen attentif et minutieux de certains détails techniques et matériels auxquels nous sommes réduits va nous fournir des indications précieuses. En effet, lorsque l'on regarde avec soin les œuvres d'art de ces époques reculées, on reconnaît que les peintres et les sculpteurs avaient adopté certains procédés de pure convention, dont ils se servaient pour représenter les accessoires de leurs compositions. Les arbres, les terrains, et surtout ces deux choses mobiles et insaisissables, les eaux et les nuages, étaient représentés, dans la peinture et dans la sculpture ou la ciselure, d'une manière imaginaire et conventionnelle, mais toujours la même. Cette similitude dans les procédés manuels et matériels, semblables aux expressions d'un langage particulier, permettait de reconnaître les choses sans peine et sans confusion. Ainsi, à partir du xiie siècle, les nuages sont figurés sous la forme d'ondulations interrompues de distance en

distance par des nœuds ou replis imitant d'une manière approximative
des trèfles ou des quatre-feuilles. L'eau est représentée aussi par des
lignes ondulées, mais sans replis ni festons; elles se suivent d'une
manière à peu près parallèle et concentrique, imitant vaguement les
fluctuations d'une eau courante, tandis que les nuages présentent les
inégalités arrondies des cumulus ou des cirrhus tels qu'ils apparaissent
dans le ciel. Si nous portons notre attention sur certaines parties de
la sculpture qui nous occupe, nous pourrons nous convaincre que
les ondulations dans lesquelles plonge le Christ sont fort différentes de
celles qui représentent ici les nuages, soit dans l'encadrement de la
partie supérieure du bas-relief, soit dans la zone placée au-dessous
et d'où l'on voit émerger les quatre anges. D'autres planches de la
Monographie de la cathédrale de Chartres offrent des exemples qui
achèveront de nous convaincre. Ainsi, au sommet du grand vitrail
du XIIᵉ siècle (la vie de Jésus-Christ, planche LII, pl. B, feuille e), on
voit, au bas de l'auréole entourant la Vierge et son Fils, plusieurs
couches de nuages; les figures du soleil et de la lune sont aussi entourées de nuages. Or ces nuages, on peut facilement s'en convaincre
en examinant la planche indiquée, ou le vitrail lui-même, sont exécutés de la même manière dans le vitrail et dans la sculpture. Si
l'on examine ensuite les ondes, dans lesquelles est placée la figure de
Jésus-Christ, au panneau qui représente son baptême (même fenêtre,
planche LI, pl. B, feuille d), et si on les compare avec les ondes placées
sous le Christ du tympan, on sera frappé de leur ressemblance. Prenons
encore comme points de comparaison plusieurs panneaux du vitrail
de Saint-Eustache; nous en trouverons (Pl. LXV) deux dans lesquels le
peintre a dû représenter des nuages et des eaux; la différence est sen-
sible, on ne peut s'empêcher de la reconnaître. On pourrait multiplier
les exemples; les œuvres du moyen âge en offrent un grand nombre,
et l'on ne peut s'empêcher de regarder avec surprise cette persistance
dans le mode des procédés graphiques. Jusqu'à la Renaissance, dans
les gravures sur bois des incunables les nuages ont conservé cette
même apparence caractéristique de méandres repliés, festonnés ou

7

frisés, qui contribue souvent à former une sorte d'ornementation dans les compositions de cette dernière période du moyen âge.

Cette petite étude des procédés des artistes nous permet donc d'établir que, dans le bas-relief de Chartres, le Christ n'est pas sur un nuage pour monter au ciel ou pour en descendre, mais qu'il est placé dans les ondes aqueuses d'une fontaine ou d'un fleuve. D'où viennent ces eaux? Quelle est la signification de cette scène? Si nous ne pouvons répondre d'une manière satisfaisante à cette double question, du moins nous essayerons de mettre sur la voie d'une interprétation.

1° D'où vient cette eau, avons-nous demandé? Suivant toute probabilité, elle sortait des amphores qui se trouvaient entre les mains des anges placés aux côtés du Christ. La position ou la posture de ces anges est à remarquer; on ne reconnaît pas là des anges encensant ou s'inclinant pour adorer le Seigneur. Ils semblent se renverser en arrière et en dehors du tableau comme pour faire contrepoids à un objet pesant qu'ils auraient tenu dans leurs bras, et cet objet, comme nous venons de le dire, était probablement une de ces urnes semblables à celles que nous voyons dans la représentation des quatre fleuves du paradis terrestre, personnifiés et répandant leurs ondes sur la terre.

2° Quelle est la signification de cette scène? Voilà un problème dont la solution serait bien intéressante. Le champ est ouvert aux suppositions. Je vais exposer celle qui m'a été suggérée par un antiquaire de mérite, l'abbé Launay, ancien vicaire de la Couture au Mans et depuis curé de la Ferté-Bernard. Nous examinions ensemble les sculptures de l'église de Chartres; arrivés devant la porte où se trouve notre bas-relief, je lui témoignais mon embarras et mon éloignement à le regarder comme une Ascension, suivant l'opinion commune. Je lui demandais ce qu'il fallait penser? « Comment! me dit-il à l'instant même, comment pouvez-vous hésiter? Ne reconnaissez-vous pas ici Jésus-Christ porté sur les eaux du fleuve de vie? C'est le signe de la fin des temps et l'accomplissement des dernières phases qui viendront clore la série des siècles; c'est la consommation de l'univers. Ce bas-relief est la traduction en sculpture du dernier chapitre de l'Apocalypse. » Cette explication me parut singulière et je me proposai de demander plus tard des éclaircissements à mon savant interprète, puis nous continuâmes notre exploration de la cathédrale. Hélas! peu de temps après, ce prêtre érudit fut enlevé pour toujours à ses travaux de symbolisme et de liturgie. Livré à moi-même pour chercher le sens complet de cette sculpture, je ne pus trouver les raisons qui avaient donné à l'abbé Launay l'idée qu'il m'exposa brièvement, comme je viens de le raconter. Le texte de saint Jean est fort court pour ce qui nous occupe, et les commentaires que j'ai pu lire ne m'ont rien appris. Le texte sacré ajoute, cependant, quelque chose qui s'accorde un peu avec notre sculpture et l'interprétation de l'abbé Launay, lorsqu'il dit que de chaque côté du fleuve est l'arbre de vie portant douze fruits suivant les douze mois de l'année, et en effet, sur les voussures entourant notre bas-relief, on voit les douze signes du zodiaque et les occupations des hommes pendant ces douze parties de l'année.

Espérons, comme nous l'avons dit en commençant, que les textes du moyen âge ou les commentaires de l'Écriture sainte nous fourniront un jour l'explication de la sculpture que nous venons d'étudier. C'est surtout dans les auteurs contemporains qu'on pourrait avoir l'espérance de trouver ce que nous cherchons. L'*Hortus deliciarum* de l'abbesse Herrade, célèbre manuscrit de la bibliothèque de Strasbourg, était rempli de dissertations symboliques et mystiques sur des sujets semblables à celui-ci. Le xiie siècle a été fécond en auteurs dont la piété et l'imagination se livraient avec un abandon plein de poésie au sens figuré et allégorique qu'ils apercevaient dans l'Écriture sainte. Leurs pensées, leurs idées ingénieuses et originales, s'élevaient au-dessus des réalités de la lettre et transportaient dans les régions les plus élevées de la théologie et du mysticisme les âmes des fidèles qu'ils voulaient toucher et instruire.

PLANCHE VII.

Le tympan de cette porte est partagé en trois parties. Il y a d'abord deux zones ou bandes horizontales de bas-reliefs, qui sont surmontées par un grand tableau, de forme ogivale, où l'on voit la Vierge entre deux anges.

Dans la première zone, ou l'inférieure, on voit les scènes suivantes :

L'Annonciation. L'archange salue et bénit Marie, qui est devant lui ; un livre ouvert est posé à terre entre eux.

La Visitation. La Sainte Vierge et sainte Élisabeth s'embrassent ; on remarquera ici une particularité fort rare dans cette scène évangélique : la Vierge Marie y porte une couronne royale.

La Nativité du Sauveur. Sa sainte Mère est couchée sur un lit, imitation élégante d'un meuble en bois semblable à ceux du XIIᵉ siècle. L'enfant, enveloppé de langes, est dans un berceau placé sur le ciel du lit. Le bœuf et l'âne sont brisés et détruits ; ils adhéraient au mur, sur lequel ils ont laissé leurs traces. Saint Joseph se tient à la tête du lit.

L'Adoration des bergers. Ils arrivent conduits par un ange ; l'un d'eux joue de la flûte de Pan ; leurs brebis les accompagnent.

La seconde zone ne contient qu'une seule scène : c'est *la Présentation de Jésus au temple.* Au milieu, sur un autel, on voit le divin Enfant entre sa Mère et le vieillard Siméon. Derrière ces deux personnages arrivent, de chaque côté, les membres de la famille ; ils portaient des cierges et des couples de tourterelles que le temps a détruits.

La dernière statuette, à droite, a la tête brisée. A la richesse et aux formes de son costume on reconnaît que c'est un roi. Ayant eu occasion de monter sur les échafaudages pendant les travaux de restauration de ces sculptures, j'ai pu voir que ce roi tient dans sa main droite une pièce de monnaie. Est-ce un donateur que nous voyons ici ? Quel est-il ? Je suis porté à croire que c'est le roi Louis VII qui s'est fait représenter ici, comme nous le voyons aussi à la cathédrale de Paris, sur le tympan de la porte Sainte-Anne. Il y a, en effet, une telle ressemblance entre la sculpture de ces deux portes des cathédrales de Paris et de Chartres, qu'il semble à peu près certain qu'elles sont de la même époque et décorées par les mêmes artistes. Pourquoi ne seraient-elles pas dues à la générosité du même roi? C'est surtout après avoir eu l'avantage de voir de près et de toucher de la main ces bas-reliefs des deux églises que j'ai pu me convaincre de cette similitude parfaite. Je n'en citerai que quelques détails. Les mêmes ornements se retrouvent sur le lit dont nous venons de parler et sur les trônes de la Sainte Vierge à Paris et à Chartres. Le vêtement de dessous est identique en deux endroits sur la personne du roi Louis VII, et sur l'un des Gémeaux qui se trouvent dans les voussures que nous examinerons tout à l'heure. Enfin il y a une parfaite ressemblance entre les grandes statues ou bas-reliefs de la Sainte Vierge et de l'Enfant, au sommet de chacun des tympans de Chartres et de Paris.

Il est important de remarquer que ces deux zones de bas-reliefs que nous venons d'examiner sont d'un travail de sculpture très différent et très inférieur aux différentes parties de ce portail. Elles ont dû avoir été refaites après coup, et copiées d'après un modèle ancien auquel on se conforma, car elles sont complètement pareilles aux scènes que l'on voit dans le tympan de la porte Sainte-Anne, à Notre-Dame de Paris.

Le troisième tableau occupant le haut de l'ogive est un magnifique bas-relief représentant l'Enfant Jésus assis sur les genoux de sa Mère. La Sainte Vierge est, à son tour, assise sur un trône richement décoré. Elle est figurée dans cette position hiératique et symétrique qui exprime en sculpture l'un des plus beaux titres que l'Église lui a décernés : *Sedes sapientiæ*, et que viennent confirmer ces paroles :

In gremio matris sedet sapientia patris,

que nous fournit une ancienne représentation de Notre-Dame et de son Fils. C'est le plus ancien type des représentations de la Mère de Dieu; c'est ainsi qu'on la trouve à Rome dans les catacombes, dès les premiers siècles du christianisme. Les plus anciennes images de Notre-Dame, celles du pèlerinage de Chartres entre autres, sont exécutées suivant ce modèle, qui est le plus beau, nous dirions volontiers le seul, que l'art chrétien devrait reproduire.

Un dais supporté par des colonnes protégeait autrefois ces deux précieuses figures. On voit encore, à gauche, une des bases de colonnes supportant ce dais ou ciborium, aujourd'hui brisé.

Enfin, deux anges fléchissent le genou devant le divin Enfant et sa Mère et les encensent.

Les voussures qui encadrent ce tympan contiennent des anges thuriféraires et les sept Arts libéraux, personnifiés par une suite de femmes tenant en main les accessoires qui les caractérisent.

Chacune d'elles est, en outre, accompagnée d'un écrivain rappelant l'inventeur ou le savant le plus célèbre dans l'art près duquel il est placé. Nous allons en faire l'énumération, prenant soin d'indiquer leurs caractéristiques lorsqu'ils sont conservés dans la sculpture.

1° *Musica.* — *Musica sum late doctrix artis varietate* [1]. La femme qui personnifie la musique tient dans la main gauche, sur ses genoux, une sorte de petite harpe et, de la droite, frappe sur les clochettes d'un carillon fixé au mur, où l'on voit aussi accrochés divers instruments.

Au-dessous de la musique, *Pythagore*, penché sur son pupitre, écrit sur cet art. Il se sert d'un grattoir pour effacer un mot; près de lui, on voit contre le mur un petit râtelier avec une éponge et des plumes, ou *calami*, pour écrire.

2° *Grammatica.* — *Per me quis discit vox, littera, syllaba, quid sit.* La Grammaire tient, d'une main, un livre ouvert et, de l'autre, une poignée de verges pour stimuler les deux enfants accroupis auprès d'elle, s'ils n'étudient pas avec zèle. Au-dessous d'elle, *Chilon* écrit.

3° *Dialectica.* — *Argumenta sino concurrere more canino.* La Dialec-

---

[1] C'est dans un précieux manuscrit de la bibliothèque de Strasbourg que j'ai autrefois copié les vers léonins caractérisant ici les sept Arts libéraux. Cet inappréciable manuscrit du xiiᵉ siècle a péri en 1870 dans l'incendie allumé dans la bibliothèque par les bombes prussiennes.

tique, placée au bas à gauche (les deux précédentes sont à droite), tient d'une main un dragon ailé et, de l'autre, une sorte de sceptre avec des feuillages. Au-dessous d'elle est le prince des philosophes, *Aristote*, écrivant sur un petit pupitre.

4° *Rhetorica.* — *Causarum vires per me, Rhetor, alme requires.* Son geste est oratoire; on ne voit aucun symbole. *Quintilien* est au-dessous d'elle; il taille une plume.

5° *Arithmetica.* — *Ex numeris consto quorum discrimina monstro.* L'Arithmétique ne présente plus aujourd'hui aucun signe qui puisse la faire reconnaître. Dans les manuscrits, elle tient en mains une sorte de bande avec des divisions, comme serait une toise. Près d'elle est le savant *Gerbert*, qui passe pour avoir rapporté de chez les Maures d'Espagne les chiffres arabes.

6° *Geometria.* — *Terræ mensuras per multas dirigo curas.* La Géométrie, assise devant une table, devait tracer des figures à l'aide d'un compas, comme on le voit sur d'autres monuments. C'est *Archimède* qui lui tient compagnie.

7° *Astronomia.* — *Ex astris nomen traho, per quæ discitur omen.* L'Astronomie contemple le ciel; elle tient un objet que l'on regarde comme un boisseau? *Ptolémée* est l'écrivain que nous voyons au-dessous.

Outre les sujets que nous venons d'énumérer, on trouve encore ici deux signes du zodiaque qui complètent la série des douze signes, dont les dix autres se trouvent à la porte de gauche de cette façade occidentale. Ceux qui se trouvent ici sont *les Gémeaux* et *les Poissons*.

Au sommet de l'ogive contenant ces représentations allégoriques nous voyons un petit nuage d'où émerge la colombe figurant le Saint-Esprit. Le manuscrit d'Herrade, d'où nous avons tiré les vers cités plus haut, s'exprime ainsi: *Spiritus sanctus inventor est septem liberalium artium.* Nous voyons par là combien toutes les sciences et les connaissances humaines étaient en honneur au moyen âge. Elles étaient regardées comme un don de Dieu: *Omnis sapientia à Domino Deo est.* La théologie et la philosophie faisaient alors l'objet d'études dirigées dans les monastères et dans les universités où les écoliers, ainsi qu'on le sait, se rendaient par milliers. C'est là que se formaient ces légions de savants et d'artistes qui n'oubliaient jamais l'importance de la philosophie et l'influence qu'elle conservait pendant toute la durée de la vie humaine sur notre intelligence et nos œuvres : *Philosophia omnium mater artium*. L'histoire du pays Chartrain nous apprend qu'au moyen âge l'étude de la philosophie y était cultivée avec grand soin.

Le dernier cordon qui contourne ces voussures est décoré d'un rinceau extrêmement élégant; il était dans un tel état de dégradation qu'il a fallu le refaire à neuf. Après avoir moulé ce qui existait, on a pu, en se conformant à ces précieux vestiges, obtenir un résultat satisfaisant.

Ce magnifique tympan et ces voussures sont supportés de chaque côté de la porte par des colonnes contre lesquelles sont soudées de grandes statues.

D'autres statues semblables sont de chaque côté des deux autres portes et forment un ensemble admirable de décoration. Aucun indice, aucune inscription, ne nous apprend d'une manière certaine quels sont les personnages ici représentés. Les antiquaires s'accordent à penser qu'il faut voir ici les ancêtres de Jésus-Christ et les personnages les plus célèbres de l'ancien Testament qui ont annoncé ou figuré le Messie. Il ne serait pas impossible que parmi ces personnages on eût aussi placé quelques-uns des bienfaiteurs de l'Église ou de ceux qui ont aidé à sa construction. Dès l'antiquité, et dans les hautes époques de l'ère moderne, on a des exemples de cet usage, comme on le voit dans les monuments primitifs de l'Italie, où les noms se lisent encore auprès d'images de rois, de reines et de princes, bienfaiteurs des monuments. La dernière figure, à droite, est celle d'une princesse dont le costume est fort élégant. C'est la seule, de ce côté, qui ne soit pas nimbée. Le nimbe est un caractère iconographique dont on devra toujours tenir compte dans les recherches archéologiques. Les dais placés au-dessus des têtes sont tous variés et ressemblent beaucoup à l'architecture byzantine.

Les chapiteaux des colonnes contre lesquelles s'appuient ces statues sont ornés par des scènes de la vie de Jésus-Christ et surmontés par des motifs d'architecture très délicats. Nous sommes au plus beau moment de l'architecture du xɪɪ^e siècle. Ce n'est qu'à cette période que l'on trouve un pareil luxe de sculptures dans les chapiteaux. Ils sont variés à l'infini, et la vie s'y manifeste de toute façon. Ce ne sont pas seulement des animaux fantastiques que nous pouvons y observer ; l'élément humain y tient une grande place, et les chapiteaux offrent ici une suite de scènes de la vie de Jésus-Christ, rendues avec un talent et avec une patience des plus remarquables. Parmi les sujets représentés sur les chapiteaux de cette planche, nous distinguons : la dernière Cène ; — le baiser de Judas, et saint Pierre coupant l'oreille de Malchus ; — le triomphe de Jésus-Christ, le jour des Rameaux ; — Jésus mis dans le tombeau ; — le sépulcre gardé par les soldats, et les saintes femmes apportant des aromates. Du côté droit de la porte, on voit : Jésus lavant les pieds de ses apôtres ; — les disciples d'Emmaüs ; — Jésus apparaissant à ses apôtres, Thomas étant présent ; — Jésus donnant à ses Apôtres ses derniers avis avant de monter au ciel. Ces sujets ne se suivent pas exactement dans l'ordre historique.

Entre chacune des grandes statues que nous venons d'examiner il y a de minces colonnettes, couvertes d'ornements exécutés avec une finesse et une verve incomparables. Ce sont des rinceaux dans lesquels s'enlacent des figurines d'un travail qui semble exécuté par le burin d'un orfèvre plutôt que par le ciseau d'un sculpteur. Sur l'une de celles que nous entrevoyons il y a une série des signes du zodiaque.

L'ébrasement ou l'épaisseur de la porte est décoré de chaque côté par des figurines assises : l'une d'elles à gardé sa tête intacte ; sur la banderole qu'elle tient entre les mains on lit : JÉRÉMIAS.

Sur la gauche, nous apercevons d'autres statuettes qui peuvent représenter des artisans. On voit un armurier ; près de lui un sabre est suspendu au mur avec son fourreau ; — un marchand portant un ballot bien ficelé, qu'un autre petit personnage semble perforer avec un couteau. Un boucher, assommant un bœuf, est au haut de ce pilastre, et derrière sa tête on lit : ROGERVS. On a voulu voir dans ce nom le souvenir d'un des maîtres de l'œuvre. Cela nous semble fort douteux.

C'est plutôt un artisan donateur : car ces figurines nous font penser aux nombreuses représentations de corporations de métiers qui se voient au-dessous des vitraux dans l'intérieur de l'église et qui ont donné ces vitraux.

Enfin, sur le bord à gauche de cette planche, se voient une des grandes statues de la porte centrale et les premières statuettes des voussures.

PLANCHE VIII.

GROUPE DE LA PORTE ROYALE.

Cette gravure représente l'ébrasement de l'un des côtés de la porte à gauche de la grande façade et permet d'en examiner facilement le système décoratif.

Après ce que nous avons dit dans l'explication de la dernière planche, nous avons peu de choses à ajouter. Les trois statues que nous avons sous les yeux sont sans nimbe et nous font persister dans la pensée de voir ici des bienfaiteurs de la cathédrale, et non des saints ou des patriarches, comme les autres statues de cette façade.

A gauche, ce sont deux rois[1]; leur costume est presque identique : la tête porte la couronne royale, leurs mains droites tiennent un long sceptre, et dans la gauche est une tablette, indiquant quelque charte de donation.

La statue à droite est celle d'une princesse, ainsi que nous l'indique la richesse de son costume, dont on retrouve l'analogue dans les peintures sur verre et dans les manuscrits du XIIe siècle. La sculpture nous fait comprendre que ses vêtements sont d'une étoffe très fine et très souple. Les galons, les broderies et la passementerie sont ici rendus avec un soin minutieux. Les manches de la robe de dessus sont si longues et si amples qu'il a fallu les raccourcir en faisant un nœud à leur extrémité pour les empêcher de traîner à terre. La coiffure est aussi fort curieuse à examiner : ce sont de longues mèches de cheveux entrelacées avec des rubans; elles pendent sur les côtés du corps.

Cette princesse tient entre ses mains une banderole, sur laquelle

[1] La première statue à gauche ayant eu la tête brisée a été restaurée à une époque ancienne, d'une manière assez maladroite, puisqu'au lieu d'une tête d'homme couronnée on a placé ici une tête provenant d'une statue de Vierge datant du XIIIe siècle.

existait probablement une inscription peinte, que le temps a effacée, emportant avec elle un renseignement qui nous serait aujourd'hui bien précieux.

L'expression des deux têtes anciennes est d'une nature élevée et d'une grande vérité; ce sont bien probablement des portraits.

La gravure ne peut arriver à rendre d'une manière satisfaisante les qualités d'exécution savante et originale des artistes primitifs. La photographie seule pourrait donner un résultat sans reproche. Espérons qu'un jour ses procédés perfectionnés permettront de répandre dans le public, et surtout parmi les antiquaires et les artistes, ces vestiges si précieux de l'art au xiie siècle dans notre pays.

Sous les pieds de ces trois statues sont les personnifications des vices dont ces personnages ont triomphé : ce sont des monstres, des animaux bizarres et même des figures humaines. Sous la première statue on voit un personnage presque nu que plusieurs serpents enlaçaient; cette sculpture est fort mutilée. Sous la seconde statue est une femme, portant sur la tête un diadème orné de pierreries. Sa coiffure est formée de deux tresses de cheveux et son vêtement semble recherché. De la main droite elle tient la queue d'un dragon, qui passe sous ses pieds, et dont la tête se redresse et va mordre le bout d'une manche de cette princesse; de la main gauche, elle saisit l'une des tresses de sa chevelure. Enfin, sous la troisième statue est un singe faisant des efforts pour se débarrasser des hideux vampires dont il est environné. Sur sa poitrine est un crapaud, que saisissent deux dragons; l'une de ses jambes est prise par la gueule d'un quadrupède fantastique, que vient mordre un autre dragon aux formes hideuses. Ces statues sont surmontées par des dais, formant des monuments à jour d'une exécution aussi ingénieuse qu'originale.

Plus haut, les chapiteaux des colonnes contre lesquelles ces statues sont placées sont décorés, comme nous l'avons fait remarquer dans la planche précédente, par des scènes de l'Évangile. Dans la plupart de ceux que nous pouvons voir ici, on reconnaît plusieurs épisodes du massacre des Innocents. Le personnage d'Hérode, que l'on ne fait qu'entrevoir, est, malgré ses petites dimensions, superbe de fierté et de brutalité. La dernière scène à gauche est la Fuite en Égypte.

Les colonnettes entre les grandes statues sont semblables à celles du reste de la façade quant à la disposition générale, car pour les détails les motifs sont tous variés.

Contre l'épaisseur de la porte, une série de statuettes superposées de bas en haut représentent divers personnages presque tous assis. Il est impossible de leur imposer un nom ; toutes sont mutilées et privées d'inscriptions.

Remarquons enfin que le soubassement des statues porte un ornement tout à fait pareil à celui qui décore la base des colonnettes à l'entrée de l'église de Saint-Germain-des-Prés, à Paris, et nous indique une époque contemporaine de cette partie de la vieille basilique.

PLANCHE IX.

Dans un des articles précédents (planche V), lorsque nous avons décrit la façade occidentale, nous avons déjà dit quelques mots sur cette grande Rose qui en fait un des principaux ornements.

Nous voyons ici le quart de sa superficie dessinée à une échelle qui permet de l'étudier avec facilité, d'autant plus que des détails de sa construction, dans une proportion plus grande encore, sont dessinés et gravés sur les marges de cette planche.

Ce qu'il faut remarquer ici, c'est que le principe qui a guidé l'architecte n'est pas le même que celui que l'on observe dans les autres grandes Roses que nous observons ailleurs, ni même dans les deux autres que nous offre la cathédrale de Chartres à l'extrémité des deux transepts. En effet, dans toutes ces grandes fenêtres circulaires, c'est au moyen de meneaux ajustés avec une singulière recherche d'élégance et de légèreté que l'on a obtenu cet effet extraordinaire produit sur le regard et sur l'imagination par les grandes Roses de Notre-Dame de Paris, par exemple. Ici, au contraire, les pierres, de petites dimensions et fort épaisses, sont disposées de manière à former un mur solide et résistant, malgré les ouvertures dont il est ajouré. Si l'on y fait bien attention, cette Rose est formée par un oculus festonné, contre le cercle duquel viennent s'appuyer douze colonnettes trapues qui reçoivent une série d'arcades : c'est là la partie vraiment légère de cette grande fenêtre, car les douze petites rosaces à huit divisions qui sont autour, ainsi que les quatre-feuilles intermédiaires, sont en réalité beaucoup moins ajourées qu'elles ne paraissent; ce sont les diverses moulures et les sculptures dont ces parties sont couvertes qui les font paraître aussi légères. Tous les détails de cette fenêtre sont encore empreints de ce principe de force et de solidité qui caractérise les constructions du XIIe siècle. Nous pensons, en effet, que cette grande Rose date des premières années du XIIIe siècle et qu'elle est une des plus anciennes qu'il y ait en France.

Si vous examinez les deux autres et que vous les compariez à celle-ci, vous reconnaîtrez facilement combien elles sont déjà différentes. Ce n'est plus cette grâce forte et robuste qui nous étonne ici, mais une recherche et une élégance toutes particulières qui en font le mérite.

Il est intéressant de remarquer le croquis tracé dans l'album de Villard de Honnecourt; c'est un dessin de convention qui nous fait comprendre comment cet architecte a compris le sens de notre Rose. Ce qui l'a frappé, c'est son apparence de légèreté, et, en effet, son croquis n'a pas la même fermeté que l'original; il représente une découpure à jour telle qu'on l'observe à la fin du XIIIe siècle et aux XIVe et XVe dans les fenêtres analogues.

PLANCHE X.

FAÇADE MÉRIDIONALE.

VUE GÉOMÉTRALE.

Cette belle planche nous donne la vue complète de tout le côté ou flanc méridional de l'église.

Nous l'examinerons en détail. Commençant à gauche, au clocher vieux, et nous dirigeant à droite vers la chapelle de Saint-Piat, qui se trouve à l'extrémité de la planche, nous examinerons successivement les diverses parties que nous rencontrerons.

Après ce que nous avons dit (planche IV) sur le vieux clocher, nous n'avons pas besoin d'y revenir, et nous ne ferons que de courtes remarques sur certaines particularités de sa partie inférieure.

A l'angle ouest, nous voyons la statue d'ange dont nous avons déjà parlé. Il est placé sur une console, la tête abritée sous un dais. Le cadran solaire primitif n'existe plus. Il était probablement circulaire comme celui qui est entre les mains d'un ange semblable et du même temps placé dans une position pareille contre l'angle de la façade de la cathédrale de Gênes. Le cadran actuel porte la date de l'année 1578.

Deux autres statues sont placées à une même hauteur, sur la droite. Ce sont de ces statues que le moyen âge nous offre quelquefois, dans lesquelles on entremêlait des idées satyriques et symboliques dont le sens nous échappe aujourd'hui. On les appelle à Chartres *l'âne qui vielle* et *la truie qui file*. C'est, en effet, d'un côté un âne se tenant appuyé sur les jambes de derrière et tenant entre celles de devant une sorte de harpe. Quant à l'autre animal qui lui fait pendant, on reconnaît aisément que le sculpteur a représenté ici un verrat; il se tient aussi debout sur ses pattes de derrière, mais sa quenouille et ses pattes de devant sont brisées. Bien des suppositions ont été émises au sujet de ces deux animaux; aucune ne nous paraît admissible. Ils personnifient certainement quelque idée, quelque proverbe ayant cours parmi la population chartraine au moyen âge. Nous ferons observer que ces deux sculptures faisaient partie d'un ensemble qui n'existe plus; elles sont sur les côtés d'une arcade aveugle, au-dessus de laquelle il y en a une autre, aveugle aussi. Or ce second arc, placé un peu plus haut, nous montre à chacun de ses angles inférieurs une console, et de plus il porte, sur sa partie médiane, une large pierre faisant saillie, et brisée aujourd'hui. On ne peut douter que ces trois pierres saillantes n'aient formé dans l'origine une composition complète, dont le sens était connu aux époques anciennes [1]. Quant à l'âne musicien, les représentations au moyen âge et aussi dans l'antiquité en sont fréquentes; les Latins avaient même un proverbe bien connu : *Asinus ad lyram.*

Le dessinateur a commis une erreur à la base du clocher que nous examinons. L'arcade placée entre l'ange à cadran solaire et l'âne musicien est une ancienne porte qui est murée aujourd'hui et est indiquée comme telle dans la gravure; mais elle servait autrefois de passage. Il y a aussi dans la construction un léger indice à l'angle inférieur, à droite, qui n'a pas pu être indiqué ici, et nous porterait à croire que, dans l'origine, le clocher était séparé de l'église.

Plus à droite s'étend la masse imposante de la cathédrale, que nous diviserons en trois sections : 1° *la nef;* 2° *le transept et le porche méridional;* 3° *le chœur, les chapelles de l'apside et celle de Saint-Piat.*

1° *La nef.* — Au bas sont les fenêtres de la crypte en plein cintre (deux ont été omises par le dessinateur aux deux premières travées); plus haut, à chaque travée, sont les fenêtres des bas côtés. Parmi celles-ci se font remarquer les modifications apportées par la construction de la chapelle de Vendôme. Cette chapelle est plus saillante que

---

[1] La face sud du vieux clocher se trouvant à l'une des plus larges parties du cloître Notre-Dame, où se tenait au moyen âge une grande foire à l'époque de la fête de la Nativité de la Sainte Vierge, m'a toujours paru un endroit très favorable pour les représentations des pièces ou des moralités qui se jouaient devant le peuple auprès des églises. Ces figures bizarres et satyriques pouvaient bien servir de décoration à ce naïf système de théâtre en plein vent.

les autres; elle a été bâtie entre deux contreforts; un arc surbaissé
en supporte le sol, et deux petites fenêtres éclairent les places où se
tenaient les seigneurs à l'intérieur. La fenêtre est ornée de meneaux
et de découpures garnies de vitraux. Sur les deux montants qui accompagnent la fenêtre et l'encadrent il y a plusieurs statues. Les deux
inférieures sont intéressantes, parce qu'elles représentent des personnages historiques : c'est Louis, comte de Vendôme, et sa femme, Blanche
de Roucy, tous deux les mains jointes et les regards tournés vers
d'autres personnages placés au-dessus d'eux et représentant une Annonciation; l'ange est d'un côté, la Sainte Vierge de l'autre, et au sommet
du pignon la statue du Père éternel bénit l'ensemble de cette composition.

Au-dessus des fenêtres des bas côtés, on voit le toit qui les recouvre, les contreforts, garnis de statues d'Évêques, et les fenêtres
hautes de la nef. Une balustrade est au bas du toit des bas côtés et au
bas du toit supérieur, lequel est garni d'une crête, fantaisie de dessinateur qui n'a jamais existé. A l'extrémité orientale du toit (sur la
droite) une statue d'ange en bois revêtue de cuivre doré tourne sur
un pivot et indique la direction du vent.

Nous voyons ensuite le porche sud, qui se présente dans son entier.
Ses trois portes sont richement sculptées : au-dessus, cinq fenêtres
surmontées d'une grande Rose. Tout en haut, un pignon avec une
balustrade et une arcature aveugle et, dans le fronton, la statue de la
Sainte Vierge entre deux anges thuriféraires placés tous les trois dans
un édicule de style gothique; ces parties, depuis le dessus de la balustrade, sont du XIVe siècle. Sur les côtés sont les deux tours non
finies dont nous avons parlé en examinant le plan; elles sont accompagnées de leurs escaliers, dont les toits se terminent par des pyramides aiguës.

Les sculptures du porche que nous avons sous les yeux sont disposées de la manière suivante. Sur le trumeau de la porte du milieu est Jésus-Christ debout, bénissant de la main droite et tenant de
la gauche le livre des Évangiles; à chacun de ses côtés est un groupe
composé de six Apôtres. Dans le tympan est représenté le Jugement

dernier et le pèsement des âmes, avec les élus d'un côté et les damnés de l'autre; dans les voussures, les neuf chœurs des anges.

La porte à gauche est décorée de grandes statues sur ses côtés : saint Théodore, saint Étienne, saint Clément et saint Laurent, d'un côté; de l'autre, saint Vincent, saint Denis, saint Piat et saint Georges. Dans le tympan, l'histoire de saint Étienne.

La porte à droite est décorée, sur les côtés, des grandes statues qui suivent : saint Laumer, saint Léon, saint Ambroise, saint Nicolas, saint Martin, saint Jérôme, saint Grégoire le Grand et saint Avit. Dans le tympan, quelques sujets de la vie de saint Martin et de saint Nicolas.

Sur les piliers qui supportent en avant les voussures profondes de ce porche sont de petits bas-reliefs, d'un travail délicat, représentant des sujets pris dans la vie des martyrs et d'autres saints; puis une psychomachie ou personnification des Vertus combattant et terrassant les Vices.

La toiture de ce porche est surmontée d'arcatures et de clochetons abritant les statues des Rois de Juda; parmi eux on distingue David, sous lequel est Jessé couché et donnant naissance à l'arbre généalogique du Sauveur.

Un volume entier et des planches nombreuses seraient nécessaires pour expliquer et représenter toutes les sculptures de ce porche, auquel nous ne pouvons consacrer que ces courtes indications. Nous n'avons, en effet, aucun moyen de les montrer aux yeux comme cela serait indispensable pour une étude sérieuse. L'expression de ces centaines de figures est si pénétrante qu'elles remplissent de sentiments de foi et de piété ceux qui les considèrent avec attention, et depuis plusieurs siècles elles font éprouver au peuple fidèle cette profonde et salutaire émotion. Semblables à ces sources bienfaisantes qui, depuis des siècles aussi, apaisent la soif des générations qui se succèdent, la vue de ces sculptures procure un sentiment de bien-être et de satisfaction dont l'âme altérée s'abreuve et se rassasie avec bonheur. N'est-ce pas le véritable but où doivent tendre les arts de la peinture et de la sculpture, et le moyen âge ne l'a-t-il pas atteint?

9.

Après le porche méridional, on voit s'étendre vers l'Est le chœur et les chapelles du chevet.

Les trois premières fenêtres des bas côtés du chœur sont doubles et surmontées d'une petite Rose. Celles des chapelles sont simples et en ogive.

Les toits de ces bas côtés et de ces chapelles sont de formes variées, comme leur aspect nous le fait voir.

Vers le milieu du chœur, on voit la base d'une de ces tours qui viennent donner plus d'assiette et donnent une grande résistance à cette partie du monument; elle n'est pas terminée, non plus que celles qui accompagnent le transept.

Les contreforts de la cathédrale du côté de l'Orient sont plus légers que ceux de la nef et présentent une différence dans leur partie à jour.

Enfin, tout à fait à droite, cette grande planche nous donne une élévation de la chapelle de Saint-Piat vue du côté méridional. Nous comprenons plus facilement ici ce que nous avons expliqué ailleurs. Cette construction a deux étages. Au rez-de-chaussée, c'est la salle capitulaire, dans laquelle on entre par le porche qui est sous l'escalier. Au-dessus est proprement la chapelle dédiée à saint Piat; on y accède de l'intérieur de la cathédrale par cet escalier à jour dont nous voyons ici les fenêtres. La chapelle a quatre travées et se trouve flanquée à son extrémité par deux tours. Avant 1793, un petit clocher en bois surmontait sa toiture.

PLANCHE XI.

PORCHE DU MIDI.

STATUES DU CHRIST ET DES APÔTRES.

Cette superbe planche nous permet d'étudier une partie des sculptures qui enrichissent le portail méridional.

A droite, nous voyons le trumeau de la porte centrale contre lequel est appuyée une magnifique statue de Jésus Christ.

Il est debout, bénissant de la main droite et tenant l'Évangile de la main gauche. Ses pieds sont posés sur un lion et sur un dragon suivant le texte du Psalmiste : *Conculcabis leonem et draconem.* Il est vêtu d'une robe au bas de laquelle on distingue encore deux bandes de couleur, traces des anciennes peintures qui décoraient cette statue, et d'un ample manteau d'une étoffe fort souple : c'est une des plus belles statues du xiii⁰ siècle que nous trouvions sous les porches de Chartres; elle représente avec noblesse et dignité la figure du Sauveur.

Sous ses pieds, nous voyons superposés deux groupes de personnages. Le groupe supérieur nous montre Pierre de Mauclerc, comte de Dreux et duc de Bretagne, à genoux aux pieds de Jésus-Christ, et faisant, avec l'assistance d'un serviteur, une distribution de pains placés dans une corbeille devant lui. C'est probablement une allusion ayant trait à quelque générosité qu'il fit à cette époque. Le groupe inférieur est la suite du même fait. Alix de Bretagne, femme du précédent personnage, accompagnée d'un serviteur, est assise devant une table couverte de pains et les distribue. Les costumes et les détails d'habillements de ces personnages sont très intéressants à étudier.

C'est à l'aide des générosités de ces deux seigneurs de Dreux-Bretagne que le porche méridional et peut-être même tout le transept de ce même côté ont été construits. Leurs effigies et celles de leurs enfants, ainsi qu'un grand écu à leurs armes, se trouvent dans les fenêtres du transept sud.

A la droite du Christ sont six statues d'Apôtres. Le premier est saint Pierre, tenant les deux clefs qui le caractérisent : . . . *tibi dabo claves regni cœlorum*. Les autres Apôtres portent l'instrument de leurs supplices et foulent aux pieds leurs persécuteurs.

Les six autres Apôtres sont en face et en pendant de ceux-ci; nous ne pouvons les voir. Ils sont disposés de même; le premier est saint Paul, reconnaissable à l'épée qui lui sert de signe caractéristique.

Ces statues sont placées sur des colonnes torses d'un travail très beau et très original.

Au-dessus de la tête du Christ, sur la gauche, on aperçoit une petite portion du tympan de la porte du milieu, sur lequel est représenté le Jugement dernier et le pèsement des âmes. Ce sont les élus qui sont ici; la composition se continue sur les voussures de la porte, où nous voyons des anges emmenant les élus pour les déposer dans le sein d'Abraham.

En avant du porche, du côté gauche, est la face Est d'un des piliers de ce porche, et nous pouvons en remarquer l'extrême élégance. Les bas-reliefs que nous voyons sont six des vingt-quatre Rois de l'Apocalypse. Les autres sont sur d'autres faces du pilier ou de son pendant; ils sont assis sur des trônes et tiennent un instrument de musique et un vase, conformément au texte : . . . *in circuitu sedis sedilia viginti quatuor, et super thronos viginti quatuor seniores sedentes, circumamicti vestimentis albis. . . habentes singuli citharas et phialas aureas, plenas odoramentorum, quæ sunt orationes sanctorum.* Les six Rois qui sont ici sont placés sous des édicules extrêmement intéressants et fort richement composés, et l'ensemble de ces bas-reliefs est encadré dans des bordures de feuillages qui enrichissent encore les détails de cette ornementation.

Les quatre personnages, assis sur des trônes, que l'on voit sous la voussure font partie d'une suite de vingt-huit Prophètes situés en avant de ces nombreuses figures hiératiques,

La grosse tête qui est à côté, à gauche, est celle d'une gargouille pour l'écoulement des eaux supérieures.

Par-dessous la plate-bande qui est au milieu de cette planche nous

apercevons plusieurs statues de la porte de gauche de ce même porche.
La première grande statue à gauche est celle de saint Théodore ; la
seconde est saint Étienne, et la troisième, dont on ne voit qu'une
partie, est saint Clément. Nous les avons déjà mentionnées plus haut.
Au-dessus, dans les voussures, commence une série de Martyrs.

PLANCHE XII.

PORCHE DU MIDI.

QUATRE STATUES.

Ces statues ornent l'ébrasement droit de la porte à gauche du porche méridional.

La première, à gauche, représente saint Vincent, vêtu en costume de diacre ; il tient un livre dans ses mains. La légende des saints nous apprend qu'il subit le martyre et qu'après son supplice on le jeta dans les flots une meule au cou ; son corps fut repoussé sur la rive, où les animaux sauvages, au lieu de le dévorer, veillèrent à sa conservation. On représente ordinairement un aigle et un lion auprès de lui ; ce sont ces animaux qui se voient sous ses pieds.

La seconde statue est celle de saint Denis, évêque de Paris. Il porte le costume pontifical, bénit de la main droite et tient de la main gauche une crosse. Sa tête est couverte avec la mitre. Sous ses pieds un lion, rappelant qu'il fut exposé à la fureur de ces animaux, qui n'osèrent le toucher.

La troisième statue est celle de saint Piat, en aube et en chasuble. Il tient à deux mains le livre des Évangiles. Sous ses pieds le proconsul Rictius Varius, qui ordonna son supplice.

La quatrième statue représente saint Georges en costume de guerrier, une cotte de mailles par-dessus laquelle est une tunique d'étoffe légère et souple. Un large glaive pend au ceinturon qui est attaché à son côté ; sa main gauche est appuyée sur un bouclier sur lequel est une croix accompagnée d'un fleuron central ; sa main droite tient la hampe d'un guidon dont le haut est brisé.

Sous ses pieds est représenté son supplice ; deux bourreaux le torturent sur une roue.

PLANCHE XIII.

PORCHE DU MIDI.

QUATRE STATUES.

Ces quatre grandes statues se dressent sur le côté droit de la porte droite du porche méridional.

La première à gauche est celle de saint Martin, évêque de Tours. Il bénit de la main droite, et la main gauche, recouverte de son gant brodé, tient une crosse, dont le bout va percer deux chiens qui sont sous ses pieds. C'est pour rappeler que le saint, comme le rapportent les biographes, avait un pouvoir miraculeux sur les animaux, qui lui obéissaient lorsqu'il leur commandait quelque chose. Jacques de Voraine raconte : qu'un jour ayant vu des chiens poursuivre un lièvre, il leur ordonna d'abandonner cette pauvre bête; aussitôt les chiens s'arrêtèrent et restèrent comme liés à leur place.

La seconde statue est celle de saint Jérôme, habillé avec des vêtements sacerdotaux. Sous ses pieds est la Synagogue personnifiée, qui lui présente un rouleau que l'on voit s'élever vers le saint; c'est le texte hébreu de la Bible, que la Synagogue ne comprend plus : c'est pour cela qu'elle a les yeux bandés. Saint Jérôme présente aux fidèles un livre ouvert : c'est sa traduction latine de l'Écriture sainte ou la Vulgate, qu'il a répandue dans le monde occidental.

La troisième statue est saint Grégoire le Grand, Pape. Il porte sur la tête la tiare, telle qu'on la voit figurée au XIIIe siècle; ce n'est pas encore la triple couronne, qui ne parut qu'au XIVe siècle. Ses vêtements et son pallium sont aussi de précieux renseignements sur les ornements que portait alors le Pape. Sur son épaule on voit une colombe dont la tête (brisée) se dirigeait vers son oreille. On lit, en effet, dans sa Vie que, lorsqu'il composait ses commentaires sur l'Écriture sainte, son secrétaire, étonné de la lenteur avec laquelle il les dictait, eut la curiosité

10

de soulever un rideau qui le séparait du saint, et qu'il vit alors une colombe placée sur son épaule et semblant inspirer le saint docteur. Sous ses pieds est ce secrétaire, relevant la tête pour voir ce fait miraculeux.

La quatrième statue est saint Avit, abbé de Micy, en costume sacerdotal. Dans la main droite il tient un livre fermé, et dans la main gauche sa crosse d'abbé. Le petit groupe qui est au-dessous représente saint Avit donnant le froc à saint Lubin. Cette statue, d'un style plus large et plus près de la nature, est du xiv⁰ siècle. On sent que l'art se modifie et produira bientôt ces gracieuses statues que l'on voit au xvᵉ siècle. Les trois premières, au contraire, nous montrent les traditions des époques hiératiques où l'imitation de la nature ne préoccupait pas encore les sculpteurs. Leurs vêtements sont traités avec un soin extrême, et les détails des galons et des broderies rendus avec une patience et un talent qui méritent qu'on les examine avec soin. C'est le beau moment de l'art au xiiⁱᵉ siècle; les têtes ont un caractère grave et sérieux qu'on ne saurait trop admirer. Ce sont des modèles d'une valeur inappréciable pour les artistes chargés de décorer les monuments religieux, et pour le public c'est un sujet inépuisable de réflexions et de méditations.

PLANCHE XIV.

PORCHE DU MIDI.

VERTUS ET VICES.

Sur la partie médiane de la gravure on voit en haut le profil des soubassements des piliers sur lesquels sont ces sculptures, et au-dessous une coupe d'un de ces piliers avec les colonnettes qui l'environnent.

Les bas-reliefs gravés sur cette planche sont ceux qui ornent la face antérieure des deux piliers du milieu du porche méridional. Ils font partie d'une Psychomachie qui se suit sur deux autres faces de ces mêmes piliers.

A côté des bas-reliefs de Chartres on a eu la pensée de placer les sujets analogues qui se trouvent peints sur verre dans la grande Rose occidentale de Notre-Dame de Paris, où le combat entre les Vertus et les Vices est figuré d'une manière plus évidente, puisque chaque Vertu perce d'un coup de lance le Vice qui lui est opposé. A Paris, les Vertus sont des reines couronnées, et leur bouclier a plutôt la forme d'un disque que celle d'un écu, comme on le voit ici. Du reste, au moyen âge, on a souvent représenté des boucliers ronds; alors ce ne sont ordinairement pas ceux des chrétiens qui ont cette forme. Dans le vitrail de la vie de Charlemagne (voir pl. LXVIII), les Français ont des boucliers allongés en forme d'écu héraldique, et les Sarrasins des boucliers ronds.

Nous allons donc décrire successivement ces Vertus et ces Vices comme ils se suivent sur ces piliers, en commençant à gauche et par le haut :

La Chasteté, femme voilée, tenant d'une main une palme et de l'autre un écu sur lequel est un oiseau dans les flammes. Le panneau du vitrail de Paris offre le même symbole. Cette personnification de la Chasteté est opposée à

10.

La Luxure. C'est un groupe composé d'un jeune élégant qui lie conversation avec une femme mise avec recherche.

Le panneau de Paris représente une femme richement vêtue et se regardant avec complaisance dans un miroir.

La Prudence a pour emblème un serpent, et le panneau du vitrail est semblable.

La Folie. C'est une femme aux vêtements en désordre, brandissant une massue et faisant mine de manger une pierre.

Le vitrail de Paris (restauration) est semblable.

L'Humilité. Sur son écu, un oiseau s'élève dans les airs, suivant les paroles de l'Évangile : *Quiconque s'abaisse sera élevé.*

Le panneau de Notre-Dame, à Paris, est pareil.

L'Orgueil, vice opposé à la vertu d'*Humilité.* C'est un cavalier tombant à terre avec son cheval.

Le vitrail (restauration) représente le même sujet.

Du côté droit, les six bas-reliefs représentent les sujets suivants :

La Patience, que symbolise un bœuf dans le panneau de Notre-Dame de Paris gravé à côté. Probablement c'était la même chose dans notre sculpture, mais l'écu est complètement fruste.

L'Impatience, opposée à *la Patience*, est une femme avec un costume de princesse, menaçant d'un glaive un vieillard (un moine probablement) qui lui fait quelques réprimandes et lui montre le livre de la Loi.

Le vitrail reproduit la même composition.

La Douceur a pour insigne un agneau, dans le vitrail et dans le bas-relief. Le vice qui lui est opposé est :

La Colère, représentée à Chartres et à Paris par une femme de haut rang, à en juger par son costume, et renversant, d'un coup de pied dans le ventre, un serviteur qui lui apporte à boire.

Le Courage. Cette vertu est représentée vêtue comme un guerrier; elle a une cotte de mailles et un casque; sa main droite tient un glaive, et sur son écu est l'image d'un lion. Dans le manuscrit d'Herrade, toutes les Vertus étaient des femmes costumées comme des guerriers, ainsi que le personnage représenté ici.

A Notre-Dame de Paris, le symbole que tient cette Vertu est une tête de taureau.

La Lâcheté, opposée à la *Vertu* précédente. Ce Vice est représenté sous la figure d'un jeune guerrier, comme l'indique son costume. Frappé de terreur par le cri d'une chouette, il fuit devant un lièvre et jette à terre le glaive dont il était armé. Le bas-relief est mutilé; on voit mieux ce sujet dans le panneau du vitrail de Notre-Dame de Paris, qui est à côté.

Les Vertus et les Vices non représentés dans la gravure sont les suivants :

La Persévérance, opposée à *l'Inconstance;*

La Tempérance, opposée à *l'Intempérance;*

La Concorde, opposée à *la Discorde;*

La Foi, opposée à *l'Idolâtrie;*

L'Espérance, opposée au *Désespoir;*

La Générosité, opposée à *l'Avarice.*

PLANCHE XV.

DÉTAILS DU PORCHE MÉRIDIONAL.

XIIIᵉ SIÈCLE.

Voici des détails de la sculpture du porche du midi. Nous voyons en haut, au milieu, une tiare papale : c'est celle de saint Grégoire le Grand, dont la statue se voit sur une des planches précédentes. Telle était, au XIIIᵉ siècle, la coiffure donnée, dans les peintures et les sculptures, aux papes. Ils ne portaient pas encore, avons-nous dit, le tirègne qui a été employé au XIVᵉ siècle. Ces tiares primitives semblent faites en osier.

De chaque côté de cette tiare est une mitre épiscopale, dont l'orfroi est d'une richesse de broderie exécutée avec un grand soin et un goût parfait.

Au-dessous sont trois livres dont la reliure est couverte d'ornements d'un goût exquis. Le livre du milieu représente celui que Jésus-Christ tient dans la main gauche. Dans les petits trous qui sont pratiqués en plusieurs endroits, il y avait des incrustations de pierres de couleur ou des émaux. Les deux autres livres, d'une dimension moins grande, nous offrent des exemples de reliures d'une grande richesse. On comprend que ces sculptures imitent ces couvertures de livres que le moyen âge exécutait avec un art très raffiné. C'étaient des lames de métal travaillées au repoussé et garnies de cabochons et d'émaux qui en faisaient des objets splendides, comme on en voit de rares exemples dans quelques trésors ou dans les bibliothèques et les musées.

PLANCHE XVI.

PORCHE DU NORD.

Cette belle gravure nous représente en perspective le porche dont nous verrons l'ensemble dessiné en géométral dans les planches XVIII et XIX.

Nous allons examiner et énumérer, en allant de gauche à droite, les diverses parties de l'architecture qui sont sous nos yeux, et nommer les statues dont elles sont enrichies.

A gauche le grand bâtiment, avec une fenêtre ornée de meneaux, est la sacristie de la cathédrale; la petite porte qui est au bas conduit dans les souterrains dont nous avons fait mention dans l'explication des plans.

Viennent ensuite les trois arcades qui composent le porche.

La première, à gauche, étant fort en raccourci, ne laisse voir qu'une très petite partie de ses voussures. C'est là que se trouvent les plus extérieures, où sont les béatitudes célestes et les travaux manuels de la vie active, comme nous le verrons à la planche XVIII.

L'arcade centrale qui suit permet d'apercevoir en entier les voussures extrêmes du côté gauche; c'est une partie de l'histoire de la création et les premières phases de la vie de l'homme, après que Dieu l'eut placé dans le paradis terrestre.

Les deux grandes statues, du côté gauche de cette arcade centrale, sont celles de *Philippe, comte de Boulogne*, et de la dame *Mahaut*, son épouse. Ces deux statues sont reproduites en lithographie (planches XXII et XXIII), d'après les dessins de M. Amaury Duval. Ici, nous voyons quelle place occupent dans le porche ces deux personnes et comment elles s'arrangent sur leur piédestal. Au-dessous, de petites statuettes dans des arcatures élégantes représentent l'histoire de David.

Après ces statues, on en voit une du côté droit, mais elle nous tourne le dos; c'est un Prophète dont le nom n'est pas indiqué et qui nous est inconnu.

Nous arrivons maintenant à l'arcade de droite, et les sculptures dont elle est garnie se présentent dans une dimension plus grande.

Nous voyons les deux cordons des voussures extérieures, où sont sculptés les signes du zodiaque et les occupations mensuelles qui y correspondent.

Plus bas, deux grandes statues, un roi et un prophète. Le personnage royal est Ferdinand de Castille.

Ces deux statues offrent la même disposition que celles du comte de Boulogne et de Mahaut. Les petits sujets au-dessous nous montrent Dieu (personnage en pied), Abel, Caïn, Jubal et Tubalcaïn.

En face de ces grandes figures, nous en voyons une autre du côté droit qui se montre tout à fait de côté : c'est un Prophète; à côté de lui il y en a une autre qu'on regrette de ne pas voir du tout, car elle est fort importante : c'est saint Louis; nous en parlerons à la planche XIX.

Plus à droite, la partie antérieure de cette gravure nous représente parfaitement bien l'effet pittoresque et savant de ce morceau d'architecture. Le pilier angulaire que nous voyons en avant est d'une élégance qu'on ne peut se lasser d'admirer. Les colonnettes, les statues, les parties à jour, sont disposées avec infiniment de talent. C'est une construction remplissant les conditions de construction solide et légère, avec une grande perfection, et comme le porche tout entier, c'est un sujet d'étude des plus importants pour l'histoire de l'architecture et de la sculpture.

Les deux statues que nous voyons au premier plan sont celles de saint Savinien et de sainte Modeste; elles ont été lithographiées en grand, et nous les retrouverons à la planche XXI.

Un peu plus à droite, nous apercevons en arrière, par-dessous la plate-bande, les statues qui accompagnent la porte de droite, savoir : *Samson*, *la reine de Saba* et *Salomon*, et au-dessus d'elles le commencement des voussures qui encadrent la porte.

Les motifs d'architecture qui s'offrent à notre étude sont fort intéressants. On remarquera, à droite, une colonne cannelée qui contribue
au soutien de la plate-bande; c'est une chose rare au XIIIe siècle, surtout dans le nord de la France.

PLANCHE XVII.

PORCHE DU NORD.

Cette vue perspective peut nous donner une idée suffisante de la disposition architecturale de ce porche, que nous reverrons un peu plus loin dessiné en géométral (voir planches XVIII et XIX).

Nous sommes sous la grande arcade centrale dont nous voyons, en haut de la planche, la partie inférieure venant reposer sur une plate-bande, disposition fort rare et peut-être unique dans les monuments du xiiie siècle.

En haut, et à gauche, sont les dernières figures des voussures qui encadrent la porte médiane. On y reconnaît des rois d'un arbre de Jessé et des personnages de l'Ancien Testament.

Puis, nous dirigeant sur la droite, il faut remarquer un fragment de voûte visible ici. Il est décoré de cordons de figures assises, alternant avec des bandes de petites arcades que l'on pourrait appeler, en se servant des termes de l'architecture antique, des caissons ou compartiments.

Tout à fait à droite sont quelques-uns des sujets de la création qui apparaissent dans les deux cordons extérieurs : nous y reconnaissons la suite du péché de nos premiers parents; comment ils sont chassés du paradis terrestre et comment Dieu les condamne à gagner leur pain à la sueur de leur front.

Les grandes statues qui sont plus bas sont les suivantes :

A gauche, c'est *le vieillard Siméon* tenant dans ses bras l'Enfant Jésus. Sous ses pieds, un homme accroupi.

Saint Jean-Baptiste. Il tient dans un disque un agneau triomphant qui figure Jésus-Christ ressuscité; il le montre, en disant : « Voici l'agneau de Dieu, » etc. Sous ses pieds, un dragon ailé, image du démon vaincu par le Messie.

Saint Pierre. Revêtu du costume papal, il porte devant sa poitrine le rational, ce qui est l'insigne du souverain pontife dans l'ancienne loi, lequel était une figure prophétique du chef de l'Église ou du Pape. Sous ses pieds, un rocher (*Tu es Petrus,* etc.).

Le prophète Élie. Il a les pieds posés sur un char de flammes contre lequel s'appuie son disciple Élisée qui reçoit le manteau que le prophète lui abandonne.

Ces statues sont placées contre des colonnes dont le chapiteau est accompagné d'un dais recouvrant les grands personnages, et reposent sur des colonnes torses et des bases fortes et robustes.

Du côté droit, nous trouvons les statues suivantes :

Le grand prêtre Zacharie, que caractérise un encensoir.

Isabelle de France, fille de Louis VIII et de Blanche de Castille, abbesse et fondatrice de l'abbaye de Longchamp. Elle est en costume de religieuse. La guimpe, le bandeau et le voile couvrent sa tête; elle porte une longue robe et tient dans la main gauche le livre renfermant la règle de son monastère.

Le roi Louis VIII, père de saint Louis, en costume royal.

Un prophète.

Ces statues surmontent des pilastres d'une forme singulière et qui ne se rencontrent dans aucun autre monument. C'est une suite de motifs variés entourant à diverses hauteurs toute la partie inférieure de ces piliers. Sur un soubassement polygonal reposent des bases à plusieurs faces et cylindriques. Un de ces motifs est formé de petites arcatures trilobées dans lesquelles sont des scènes de l'Ancien Testament.

Au-dessous du grand prêtre Zacharie et de la statue d'Isabelle est représentée l'histoire de l'arche d'alliance lorsqu'elle fut prise par les Philistins, et l'histoire de Samuel à qui Dieu prédit la mort d'Héli. Ces sujets sont accompagnés d'inscriptions, mais on ne saisit pas facilement quel rapport ces sujets de l'Ancien Testament ont avec l'histoire moderne. Au moyen âge, la connaissance et l'usage perpétuel de l'Écriture donnaient occasion d'y faire de continuelles allusions.

11.

On aperçoit, par-dessous cette partie que nous venons de décrire, une petite portion de l'arcade à droite du porche du nord et les deux dernières statues qui sont à droite de la porte de cette même arcade : c'est Judith et Gédéon.

PLANCHE XVIII.

ÉLÉVATION DU PORCHE NORD.

Cette planche représente en géométral le porche qui forme la partie inférieure de la façade septentrionale, laquelle termine le transept Nord.

C'est une œuvre splendide et l'une des plus belles pages que l'architecture du moyen âge ait produites. La richesse de l'ornementation, la quantité innombrable de statues de diverses dimensions, frappent d'étonnement et excitent au plus haut degré l'admiration. Les pensées pleines d'imagination ēt de poésie qui ont inspiré ces sculptures et leur disposition nous montrent chez les auteurs de ce monument un génie vaste et profond, soutenu par un enthousiasme que nous comprenons à peine, tant il est au-dessus de nos idées actuelles, et que nous ne pouvons voir sans en être émerveillés. Les noms de ces artistes prodigieux sont tombés dans l'oubli, mais ce qu'ils ont inventé et créé existe encore et attestera pendant bien des siècles leur mérite, leur science et leur connaissance des arts qu'ils ont élevés à un degré aussi supérieur. Il n'y a que les pensées religieuses rapprochant l'homme de la divinité qui soient capables de le porter aussi haut et de le maintenir dans les régions idéales de cette vie intellectuelle si féconde et si puissante.

Nous trouvons, représentée dans ces nombreuses sculptures, l'histoire abrégée du monde entier : sa création, l'œuvre des six jours, la chute de l'homme et sa rédemption par le Messie, point capital de notre religion. Les prophètes et les hérauts qui l'ont annoncé et figuré dans l'ancienne loi sont ici présents. Nous voyons sa généalogie remontant aux premiers âges du monde et la suite de ses ancêtres se suivant de génération en génération et se terminant à la bienheureuse Marie, Mère du Sauveur. Comme c'est à elle que l'église cathédrale est dédiée, les artistes du moyen âge lui ont donné ici la place la plus importante, puisque son triomphe dans le ciel occupe le tympan de la porte du milieu et attire immédiatement les yeux de celui qui va pénétrer dans son temple.

Sur le trumeau de la porte centrale il y a une grande statue de sainte Anne portant dans ses bras la Sainte Vierge encore enfant qui tient dans ses mains le Livre de la loi. Au-dessous, un bas-relief mutilé représentait Joachim auquel apparaissait un ange lui annonçant la naissance de la Sainte Vierge.

Sur les côtés de cette porte médiane, on voit à gauche les statues suivantes :

Melchisedech, roi de Salem, en costume sacerdotal. De la main droite il tient un encensoir, et de la gauche, un calice et un pain pour en faire offrande à Dieu, car il était prêtre du Très Haut, dit la Genèse. (Cette statue n'est pas visible sur notre planche; elle est cachée derrière une autre.)

Abraham. Il tient devant lui, debout, pieds et mains liés, son fils Isaac et lève sa main armée d'un glaive pour immoler ce fils qu'il aimait tant. Un ange placé au-dessus dans un dais arrête la main d'Abraham. Sous ses pieds, dans le socle. on voit le bélier qui va être immolé; il est embarrassé dans un buisson.

Moïse. Il est reconnaissable aux Tables de la loi qu'il supporte et au serpent d'airain placé sur le sommet d'une colonne. Sous ses pieds est le veau d'or.

Samuel. Vieillard vénérable à longue barbe; il tient un agneau et le couteau avec lequel il va consommer le sacrifice. Sur le socle est David enfant.

David, en costume royal, la tête couronnée et tenant en la main droite une lance. Dans la main gauche, il tenait les instruments de la passion du Sauveur à cause de ses prédictions sur ce douloureux événement. Sur le socle est un lion.

Du côté droit, on voit les statues suivantes :

Isaïe tenant en main la fleur qui sortira de la tige de Jessé, comme il est annoncé dans la prophétie : *Et egredietur virga de radice Jesse et flos de radice ejus ascendet.* Il tient aussi une banderole sur laquelle sont les traces de cette inscription : *Isaïas profeta.*

Jérémie portant dans la main droite l'image d'une croix environnée d'un cercle richement sculpté, à cause de ses prophéties sur la passion de Jésus-Christ. Sous ses pieds, un personnage qui doit être un de ses bourreaux.

Siméon. Le saint vieillard porte l'Enfant Jésus et le montre, en disant : *Ecce positus est hic, in ruinam et in resurrectionem multorum in Israel.* Sous ses pieds, un bourreau probablement.

Saint Jean-Baptiste. Sa robe est faite d'une peau de chameau, les poils en dehors; la ceinture est en cuir; sa barbe est longue; la figure et toute la personne amaigries par les jeûnes. Il porte un disque sur lequel est un agneau tenant dans une patte l'étendard de la résurrection; il le montre du doigt et semble dire : *Ecce agnus Dei qui tollit peccata mundi.* Sous ses pieds, un dragon ailé figure le démon vaincu.

Saint Pierre. Il est vêtu en pape; il porte sur la tête une tiare pointue et sur la poitrine le rational comme le grand prêtre des Juifs. De son bras droit pendent les deux clefs, symbole de son pouvoir, pour ouvrir ou fermer les portes de la vie future. Sa main gauche soutient une croix (aujourd'hui brisée) à longue hampe suivant l'usage du moyen âge. Sous ses pieds, un rocher, allusion aux paroles de Jésus-Christ : *Tu es pierre et sur cette pierre je bâtirai mon église.*

Un peu plus loin de la porte et du même côté est la statue d'*Élie*, sous lequel on voit son char de flammes et son disciple Élisée recueillant son manteau. La planche XVII nous a montré plusieurs des statues que nous venons de décrire.

Ces deux statues sont cachées par les parties placées en avant de la porte. On les voit sur la planche suivante (XX), dans la partie de la gravure qui est à droite.

Les voussures qui encadrent cette porte se voient et se comprennent mieux dans la planche suivante, à laquelle il faut recourir pour un moment[1]. Cette planche XX (marquée XVIII par erreur) nous permet de comprendre la disposition des voussures de la porte centrale. Il y a cinq cordons de ces voussures qui sont adhérents à la porte. Les autres sont plus en dehors; nous en parlerons plus loin. Le premier cordon, ou le plus intérieur, est formé par une suite d'anges superposés. Les quatre autres sont ou des personnages de l'Ancien Testament qu'il est impossible de préciser, ou plutôt des ancêtres de Jésus-Christ; ils sont disposés dans des rinceaux comme pour former un arbre de Jessé.

Le tympan au-dessus de la porte est divisé en deux parties superposées. Au bas et à gauche, on voit la Vierge sur son lit rendant son âme à Dieu; Jésus son fils est présent; il est accompagné des douze apôtres et de plusieurs anges. Au bas et à droite, la Vierge est dans son tombeau; mais les anges descendant du ciel soulèvent son corps posé sur un linceul et se disposent à l'enlever dans les cieux. A l'étage supérieur, formant le tableau principal de cette porte, on voit Jésus-Christ bénissant la Sainte Vierge assise sur un trône auprès de celui de son divin Fils; elle porte sur la tête une couronne de reine, *Regina cœli, Regina angelorum*, et se baisse par respect en recevant ces témoignages de gloire. Des anges sont prosternés à ses côtés, d'autres plus haut encensent cette scène de glorification, qui est encadrée par une sorte d'édicule d'une architecture élégante.

Nous avons encore plusieurs choses importantes à noter sur cette partie centrale du porche nord. Ce sont les deux rangées les plus extérieures des voussures, les deux qui sont intermédiaires, et enfin les groupes de grandes statues que nous laisserons pour le moment; nous n'en parlerons que plus loin.

Les deux rangées intermédiaires (voir la planche XX) sont formées

---

[1] Il y a ici une erreur dans la table des planches : la planche marquée XVIII doit être la planche XX. Elle contient deux dessins : 1° une coupe du porche nord; 2° une élévation de la partie droite de ce porche, dont on a retranché les piliers et les statues qui sont en avant. Ces deux dessins ont induit en erreur pour la notation des planches. La planche XVIII n'existe pas.

chacune de vingt-deux statuettes assises tenant des banderoles et semblant chanter les louanges de Marie.

Les deux derniers cordons (les plus extérieurs) de la grande ogive centrale représentent l'histoire de la création. Les sujets sont au nombre de dix-huit :

1° La création du ciel et de la terre. — 2° La création du jour et de la nuit. Le jour est un jeune homme tenant une torche enflammée; la nuit est une femme tenant un croissant. — 3° Création du firmament et des anges. — 4° Création des plantes. — 5° Création des astres. — 6° Création des poissons et des oiseaux. — 7° Création des quadrupèdes. — 8° Création du paradis terrestre. — 9° Création d'Adam.

Vient ensuite l'histoire d'Adam et d'Ève :

1° Adam considère les animaux de la terre, auxquels il impose des noms. — 2° Les quatre fleuves du paradis terrestre personnifiés, tenant leurs urnes d'où sortent des ondes. — 3° Dieu, tenant un livre, place Adam dans le paradis terrestre. — 4° Création de la femme. Adam est endormi; Dieu lui ôte une côte et tient la femme par la main. — 5° Adam et Ève près de l'arbre de la science du bien et du mal : c'est un pommier couvert de fruits. Le serpent enlacé dans l'arbre présente un fruit à Ève, qui l'accepte et en offre à son mari. — 6° Dieu debout appelle Adam, mais celui-ci se cache sous un arbre avec sa femme. — 7° Ils sont devant Dieu, cachant leur nudité avec des feuilles. Dieu semble les réprimander; ils se disculpent et accusent le serpent. — 8° Un ange armé d'un glaive chasse Adam et Ève du paradis terrestre. — 9° Dieu condamne nos premiers parents à gagner leur pain à la sueur de leur front. Adam bêche la terre; Ève file avec une quenouille.

Le grand fronton, ou pignon du milieu, contient au sommet le Père éternel donnant sa bénédiction à toutes les personnes et à toutes les choses contenues dans la porte centrale tout entière. Des anges l'encensent.

Passons maintenant à la droite de la porte. Les grandes statues qui sont à gauche sont les suivantes (on les voit mieux sur la planche XX que sur la planche XIX) :

Samson. C'est l'un des personnages de l'Ancien Testament qui figure et symbolise le Sauveur. Au-dessous est un âne, pour rappeler que c'est avec une mâchoire d'âne que Samson tua mille Philistins.

La Reine de Saba. Son costume est riche et élégant. Sous ses pieds, un esclave nègre porte un vase et un sac rempli de pièces de monnaie.

Salomon. Est aussi une figure de Jésus. Il en rappelle la sagesse et la puissance. Au-dessous de ses pieds, un personnage fantastique et grotesque : c'est la folie opposée à la sagesse.

De l'autre côté de la porte, c'est-à-dire à droite, il y a les statues suivantes :

Jésus, fils de Sirach. C'est l'auteur de l'Ecclésiastique. Il tient une banderole sur laquelle on lisait encore au siècle dernier : IHS FILIVS SYRAG. Ce personnage est regardé comme une figure de Jésus-Christ. Au-dessous de ses pieds on voit un maçon ou un architecte tenant un fil à plomb et placé sur un petit temple en construction, par allusion à un autre Jésus, fils de Josedec, qui rebâtit la maison du Seigneur et releva son saint temple.

Judith. Elle fut la libératrice du peuple d'Israël, comme le Sauveur a été le libérateur et le rédempteur des hommes. Elle est couronnée comme une reine. Sous ses pieds est un chien, symbole de la fidélité, ou par allusion à quelque fait que nous ne connaissons pas.

Gédéon. Homme jeune, portant les insignes de l'autorité suprême. Il fut juge du peuple de Dieu, et figure aussi le Christ. Sous ses pieds, un dragon parle à l'oreille d'une femme qui semble écouter ses mauvais conseils.

Le bas du tympan de cette porte représente la scène du jugement de Salomon, exprimée avec un talent et un naturel que l'on ne saurait trop admirer, et que nos deux planches donnent dans des dimensions qui ne permettent pas de l'apprécier.

Au-dessus est Job, étendu sur son fumier, représenté avec vérité conformément aux expressions du texte sacré... *Satan... percussit Job lcere pessimo a planta pedis usque ad verticem ejus, qui testa saniem ra-lebat sedens in sterquilinio.* On voit sa peau, couverte de pustules ou d'ulcères, qu'il râcle avec un tesson, et Satan met ses griffes sur la tête et sous les pieds de sa victime. La femme et les amis de Job sont là lui dressant leurs reproches.

Au-dessus, dans la partie supérieure du tympan, Dieu apparaît dans les nuages tenant une banderole et une palme; deux anges sont à ses côtés.

Les voussures qui encadrent ce tympan sont composées de scènes ayant rapport à l'histoire de Samson et de Gédéon, types figuratifs de Jésus-Christ. On y trouve aussi divers traits de la vie d'Esther, de Judith et de Tobie, qu'il est impossible de distinguer dans cette gravure, où ces sculptures sont peu visibles.

Le cordon le plus intérieur est formé par une suite d'anges placés les uns au-dessus des autres.

Sur l'extrémité la plus extérieure du porche il y a encore une voussure sur laquelle sont représentés les signes du zodiaque et les travaux ou occupations des mois de l'année. Nous avons exposé, dans une des planches de la façade occidentale, quelle était la signification de ces représentations zodiacales et quelles étaient les idées qu'elles devaient inspirer aux chrétiens. Il est inutile d'y revenir en ce moment. Nous ferons remarquer seulement que les signes que nous voyons ici sont placés : à gauche, au-dessous de l'Hiver; à droite, au-dessus de l'Été. L'Automne et le Printemps n'ont pas été figurés.

Nous allons nous transporter maintenant à la porte de gauche de ce porche septentrional.

Les grandes statues qui accompagnent la porte sont, à gauche : *Isaïe.* Il tient une banderole sur laquelle on lit : *Esaias prophā.* Il prédit que la Vierge enfantera un fils. Sous ses pieds un dragon, image du démon que le Christ doit vaincre par son arrivée dans le monde.

L'archange *Gabriel.* Il prononce la salutation angélique en se tournant vers la Sainte Vierge; sa tête est brisée. Sous le socle est un démon, ange de ténèbres opposé à l'ange de lumière.

12.

La Vierge Marie. Elle écoute les paroles de l'ange Gabriel, et par son consentement va devenir la mère du Sauveur des hommes et participer au grand mystère de l'incarnation. Sous ses pieds, un serpent, enlacé sur un pommier couvert de feuilles et de fruits, rappelle la chute d'Ève dans le paradis terrestre, que doit réparer Marie, la nouvelle Ève.

A droite, sont les statues suivantes :

La Sainte Vierge et *sainte Élisabeth* formant un groupe qui représente la Visitation. Sous la Vierge est l'image du buisson ardent, et sous sa cousine Élisabeth, un individu verse de l'eau dans une urne; il peut avoir rapport aussi à la Sainte Vierge, et fait penser au miracle de Cana.

La troisième statue est *un Prophète* dont le nom n'est plus lisible. Sous ses pieds, un dragon ailé, qui peut indiquer que le prophète est Daniel.

Ces trois personnages se voient en grand sur la gravure, planche XXI.

Le tympan au-dessus de la porte est divisé en deux parties. Au bas : la Nativité et l'Annonciation aux bergers. Le bas-relief placé plus haut représente l'Adoration des Mages, à gauche; et à droite, les Mages avertis en songe par un ange de s'en retourner par un autre chemin. Au sommet de l'ogive, l'étoile miraculeuse et des anges.

Dans les voussures qui encadrent cette porte on a sculpté des anges, puis les vierges sages et les vierges folles avec leurs lampes; les vertus foulant aux pieds les vices; ce sont : la *prudence* ou la *sagesse* écrasant la *folie*, la *justice* opposée à l'*injustice*, la *force* opposée à la *lâcheté*, la *chasteté* et la *luxure*, l'*humilité* et l'*orgueil*, la *générosité* et l'*avarice*, l'*espérance* et le *désespoir*, la *foi* foulant aux pieds l'*incrédulité*.

La voussure suivante, suivant l'abbé Bulteau, représente les douze fruits du Saint-Esprit qui ont orné l'âme de Marie et qui sont, suivant saint Paul : la *charité*, la *joie*, la *paix*, la *patience*, la *longanimité*, l'*humilité*, la *bonté*, la *douceur*, la *fidélité*, la *modestie*, la *continence* et la *chasteté*.

Sur une autre voussure on a représenté d'un côté les travaux ma-

nuels et de l'autre les travaux de l'esprit, ou la *vie active* et la *vie contemplative*, qui étaient personnifiées et représentées en grandes statues
à l'entrée de l'arcade placée en avant de cette porte, à gauche.

Enfin, le dernier cordon, celui qui est tout à fait en avant et en dehors des autres, représente une suite fort intéressante de statuettes qui
ont été décrites et interprétées par Mme d'Ayzac. Elles personnifient les
béatitudes célestes, c'est-à-dire les joies spirituelles et corporelles dont les
justes seront comblés dans la vie future. Plusieurs auteurs anciens les
ont décrites et exposées dans des traités spéciaux. Saint Anselme, saint
Thomas et Vincent de Beauvais en ont fait mention d'une manière spéciale. Les peintres et les sculpteurs les font paraître dans leurs œuvres,
et nous les trouvons ici avec leurs attributs et leurs noms.

1° La première béatitude est *la Beauté, Pulcritudo*. Elle tenait un
étendard de la main droite; sa main gauche s'appuie sur un bouclier
sur lequel sont quatre roses largement épanouies.

2° *La Liberté, Libertas.* Main droite brisée; deux couronnes sur son
écu.

3° *L'Honneur, Honor.* Main droite manque; deux mitres sur son
bouclier.

4° C'est *la Joie céleste, Gaudium.* Sur son bouclier, un ange sortant
d'un nuage et tenant un livre.

5° *La Volupté, Voluptas.* Sur son bouclier, un ange tenant un encensoir.

6° *La Vélocité, Velocitas.* Sur son bouclier, trois flèches sifflent en
abîme suivant le langage héraldique.

7° *La Force, Fortitudo.* Sur son bouclier, un lion.

8° *La Concorde, Concordia.* Sur son bouclier, deux couples de colombes.

9° *L'Amitié, Amicitia.* Sur son bouclier on voit aussi deux couples
d'oiseaux.

10° *La Longévité, Longevitas.* Sur son écu, un aigle tenant un sceptre
dans ses griffes.

11° *La Puissance, Potentia.* Sur son écu, trois sceptres fleuronnés.

12° *La Santé, Sanitas.* Sur son bouclier, trois poissons. Mme d'Ayzac cite le proverbe : *Sain comme un poisson,* comme pouvant avoir donné l'idée de le prendre pour symbole de la Santé.

13° *La Sécurité, Securitas.* Sur son écu, un château fort.

14° *La Sagesse, Sapientia.* Un dragon est sur son bouclier. Le dragon, au moyen âge et dans l'antiquité, a plusieurs sens. On peut supposer qu'il garde avec vigilance les trésors de la Sagesse, qu'on ne peut acquérir qu'avec des peines et des travaux pénibles.

Sous le cordon se trouvaient autrefois deux grandes statues : *la Synagogue* et *l'Église,* accompagnant celles citées plus haut : *la Vie active* et *la Vie contemplative.* Les piédestaux de ces quatre statues nous représentent encore une fois la série des vertus terrassant des vices, personnifiés, les vertus par de petites statuettes et les vices par des animaux.

Les piliers isolés placés en avant de ce porche, comme on le voit dans la planche XX, sont ornés de grandes statues représentant des princes et des princesses dont la générosité a contribué à faire élever ce porche magnifique. Dans les vitraux de la cathédrale on retrouve plusieurs de ces grands personnages, avec leurs armoiries, ce qui permet de les désigner par leurs noms. Au-dessous de ces statues sont des scènes de héros de l'Ancien Testament auxquels on les a assimilés, à cause de leurs hauts faits ou de leurs vertus. A la base centrale nous trouvons, en commençant par la gauche :

1° Philippe comte de Boulogne, oncle de saint Louis;

2° Mahaut, comtesse de Boulogne, près de son époux.

(Ces deux figures ont été reproduites en lithographie, planches XXII. et XXII *bis.*)

PLANCHE XIX.

COUPE DU PORCHE NORD.

Nous plaçons sous le n° XIX la planche qui contient à gauche une coupe du porche nord, prise dans l'axe d'avant en arrière, et à droite une coupe transversale de la moitié de ce même porche.

Nous allons énumérer simplement les diverses parties que ces coupes nous permettent de voir et que nous avons déjà indiquées pour la plupart dans la planche précédente. Nous comprendrons mieux, par ces répétitions, la place occupée par chacune des statues.

Tout à fait à gauche, nous voyons une partie de l'intérieur de la cathédrale. Vient ensuite la coupe du porche, suivant son axe, ce qui nous permet d'en voir, en allant de gauche à droite, les diverses parties, qui se suivent dans l'ordre suivant :

1° Les cinq voussures de la porte médiane : la première est occupée par des anges; la seconde, par des personnages de l'Ancien Testament; la troisième et la quatrième, par les ancêtres de Jésus-Christ, disposés dans des rinceaux et formant un arbre de Jessé; la cinquième est occupée par une nouvelle série de personnages de l'Ancien Testament.

2° La voûte médiane du porche reposant sur un appareil en plate-bande. Elle est ornée de caissons ou compartiments interrompus par deux cordons de figurines assises, qui n'ont aucun attribut pouvant les faire reconnaître; puis, tout à fait à droite, deux autres cordons ou voussures, représentation de l'œuvre des six jours, la faute d'Adam, etc.

3° Au-dessous, la statue de sainte Anne sur le trumeau (vue en coupe); puis les statues du côté de la porte, savoir : Isaïe, Jérémie, le vieillard Siméon, saint Jean-Baptiste et saint Pierre, en pape.

4° Un premier pilier portant les statues d'Isabelle et du grand prêtre Zacharie.

5° Tout à fait à droite, les statues de Louis VIII et d'un prophète.

Sur le côté droit de la même planche il y a une coupe transversale du porche nord. Nous y voyons une seconde fois les sculptures et les statues que nous avons examinées ailleurs.

A gauche, c'est la moitié de la porte centrale. Son tympan et ses voussures sont coupés par la moitié, et ses statues se présentent sous un autre aspect, mais la statue du prophète Élie paraît ici en son entier.

A droite, la porte de gauche du même porche, avec son tympan, ses voussures et ses statues que nous avons décrits dans les planches précédentes.

Tous les accessoires des bases et des colonnes supportant les statues sont dessinés ici de manière à pouvoir s'en rendre compte complètement. Les colonnes cannelées sur lesquelles j'ai attiré l'attention sont aussi très visibles.

PLANCHE XX.

Dans la table in-folio elle porte ce titre : *Porche Nord (Élévation)*. C'est une erreur. Parmi les planches de la Monographie il n'y en a aucune qui réponde à cette indication.

PLANCHE XXI.

PORCHE DU NORD.

GROUPE DE LA VISITATION.

La porte à gauche du porche septentrional est accompagnée de six grandes statues (trois de chaque côté).

A gauche, elles représentent l'Annonciation; on y voit : 1° l'archange Gabriel annonçant à Marie qu'elle sera la mère du Sauveur des hommes; 2° la Sainte Vierge acceptant cette mission divine; 3° Isaïe, qui prophétisa ce mystère: on lit son nom, *Isaias prophā.*

A droite, nous voyons les trois statues qui font face aux précédentes. C'est la Visitation. La Sainte Vierge vient trouver sa cousine Élisabeth. Ces deux grandes statues paraissent vivantes et sont pleines d'expression : elles semblent converser entre elles. La troisième est celle d'un prophète; aucun signe ne le caractérise, et son nom, qui se lisait autrefois sur la banderole qu'il tient entre ses mains, n'est plus lisible.

Sous les pieds de la Sainte Vierge est le buisson ardent figurant, suivant les anciens commentaires, la virginité de Marie; car, de même que ce buisson était entouré de flammes sans en ressentir l'ardeur et sans être consumé, de même Marie devait enfanter sans cesser d'être vierge. Sous les pieds de sainte Élisabeth un homme remplit une cuve avec de l'eau, et sous le prophète un dragon ailé figure comme à l'ordinaire le démon foulé aux pieds et vaincu par l'arrivée du Messie.

On remarquera les chapiteaux et les dais qui surmontent ces personnages; ils montrent combien sont variés les motifs employés par les sculpteurs du xiiiᵉ siècle. Plusieurs de ces chapiteaux offrent de petits personnages au milieu des feuillages entourant cette partie; c'est une chose assez rare au xiiiᵉ siècle.

13

PLANCHE XXII[1].

PORCHE DU NORD.

GROUPE.

Ces deux belles statues ont été dessinées avec beaucoup de soin par M. Amaury Duval, et reproduites en lithographie avec une scrupuleuse exactitude.

La première représente (suivant les descriptions anciennes complétées par M. l'abbé Bulteau) *Philippe le Hurepel, comte de Boulogne-sur-Mer,* fils de Philippe-Auguste et d'Agnès de Méranie, frère de Louis VIII et oncle de saint Louis, mort en 1233 et enterré à Saint-Denis. Bon et faible, il se laissa mettre, en 1227, à la tête des mécontents : « Et pour ce li baron de France », dit le sire de Joinville, « virent le roy enfant et la royne, sa mère, femme estrange, firent-ils d'un comte de Bouloingne, qui estoit oncles le roy, lour chièvetain (leur chef) et le tenoient aussi comme pour signour[2]. »

Philippe est vêtu fort simplement : il porte une cotte ou tunique et un manteau. Sa main gauche tient un sceptre, et sa droite, placée contre la poitrine, est un peu mutilée et incomplète.

Sa femme, la comtesse de Boulogne, est *Mahaut,* fille de Renaud de Dammartin. Cette statue est magnifique et d'un naturel plein de vie. Il faut remarquer la noble simplicité de son costume et la souplesse des étoffes de sa robe et de son manteau. Elle porte une coiffure particulière aux femmes nobles du XIIIᵉ siècle et qu'on retrouve plusieurs fois dans les vitraux de la cathédrale. Sa main gauche relève les plis de sa robe, et la droite, suivant une mode que les sculpteurs du XIIIᵉ siècle ont suivie, a un doigt passé dans le cordon de son manteau.

---

[1] Elle porte en petits caractères le nᵒ XXVI. — [2] Natalis de Wailly, *Histoire de saint Louis.*

PLANCHE XXII ^BIS ¹.

PORCHE DU NORD.

GROUPE.

C'est la partie inférieure de la planche précédente. Elle nous donne
dans des proportions assez grandes les détails singuliers des bases
et supports des deux statues que nous venons d'examiner. Au-dessus
d'un soubassement posant sur le sol, et dont on ne voit ici que la partie
haute, il y a une partie présentant les faces d'un polygone irrégulier. Sur
ce polygone s'appuient les deux colonnes contre lesquelles se soudent
plus haut les statues du comte et de la comtesse de Boulogne. Elles commencent par une base garnie de pattes, sur laquelle repose sans aucun
intermédiaire un chapiteau, lequel à son tour supporte une sorte d'édicule circulaire entouré de colonnettes sur lesquelles sont des arcs trilobés.
Entre ces colonnettes sont de petites statues (ici elles représentent des
scènes de la jeunesse de David). Cet édicule est recouvert par un toit à
annelures d'où sort une partie cylindrique ornée de moulures et de
petites cavités de diverses formes et surmontée de grosses côtes en
spirales et très saillantes ; puis vient au-dessus de ces divers membres
d'ornementation un dernier chapiteau garni de deux rangs de feuilles,
les unes profondément découpées, les autres en forme de crochets.

Ces ornements, se superposant et se succédant avec une liberté pleine
de fantaisie et de caprice, forment, sous nos belles statues, les supports
les plus originaux qu'on puisse imaginer. Nous avons là une nouvelle
preuve de la fécondité et de la variété extraordinaires du génie des
architectes et des sculpteurs du xiiiᵉ siècle.

¹ Elle porte en petits caractères le nᵒ XXIII.

PLANCHE XXIII.

Ces deux statues rappellent au peuple chartrain les anciennes traditions qui avaient cours au moyen âge sur l'origine du christianisme
dans leur pays. Les légendes locales leur apprenaient en effet que dès
le 1er siècle saint Potentien, saint Savinien et saint Altin avaient été
envoyés de Rome par saint Pierre pour évangéliser cette partie de la
Gaule. Après avoir répandu la lumière de l'Évangile à Sens et à
Orléans, ils étaient venus à Chartres, où ils consacrèrent au vrai Dieu,
sous l'invocation de la sainte Vierge, la première église chrétienne.
« Le nombre des adeptes de cette nouvelle religion étant devenu fort
grand, l'empereur Claudius fit un édit contre les chrétiens. Cet édit
ayant été envoyé à Quirinus, président ou gouverneur de la province
chartraine, par l'Empereur susdit, il se mit incontinent à persécuter
lesdits saints martyrs, les ayant surpris dans la grotte où ils faisaient
leur sacrifice... La rage fut grande, puisque ce gouverneur n'épar-
gna pas sa propre fille convertie à la foi, et appelée *Modeste* par les
archives de la susdite église. Si la rage fut grande et l'impétuosité
véhémente, le procès fut court et l'exécution prompte et précipitée ;
car il fit massacrer sa fille avec beaucoup d'autres de l'un et l'autre
sexe, forts et fermes en leur foi, et furent leurs corps jetés dans le
puits attenant à l'autel de la Vierge qui toujours depuis en a été
nommé *le puits des Saints forts*[1]. »

La statue à gauche représente saint Savinien en vêtements ponti-
ficaux et la mitre en tête. Sa main droite est brisée ; la main gauche
tenait une crosse qui n'existe plus aujourd'hui. Au-dessous de ses

---

[1] Sébastien Roulliard ; Parthénie, I, 118.

pieds, de petites statuettes rappellent des scènes de sa mission dans les Gaules. On voit en avant saint Savinien administrant le baptême à Victorin, qui est plongé dans la cuve baptismale. Un acolyte est à droite.

La seconde statue (à droite) est celle de sainte Modeste. Elle porte une robe longue et fort simple, un manteau et un voile qui laisse apercevoir ses cheveux flottants sur les épaules ; sa main droite a le geste de l'étonnement et la main gauche relève son manteau et tient un livre. Elle semble écouter le saint évêque Savinien. Au-dessous de ses pieds, la sainte est représentée jetée dans le puits des Saints forts et deux anges élevant au ciel son âme sous la forme d'une petite figure nue.

Les dais qui surmontent ces deux admirables statues, ainsi que les feuillages des chapiteaux et autres parties de ce fragment d'architecture, méritent d'être étudiés avec soin. Nous avons là un des meilleurs exemples de la statuaire au xiiie siècle.

PLANCHE XXIV.

PLANS DU VIEUX CLOCHER.

Le plan marqué n° 1 sur la gravure est le rez-de-chaussée du vieux clocher.

Les deux ouvertures en avant sont les deux fenêtres que nous voyons sur la façade.

Du côté gauche sont les baies ou arcades qui donnent aujourd'hui dans la nef; primitivement elles donnaient dans le porche de la façade occidentale.

Du côté droit, entre les trois contreforts, il y a deux parties en retraite. La plus éloignée est une maçonnerie pleine ; celle qui est en avant est percée par une arcade qui donnait accès dans cette partie du clocher. Elle est murée par des matériaux de petites dimensions, et c'est par erreur que cette porte n'est point indiquée sur notre planche.

Le côté opposé à la façade contient l'escalier donnant dans l'église; la partie à droite est extérieure, et dans l'angle rentrant qui se trouve en cet endroit on a découvert il y a peu de temps, en arrachant quelques pierres ajoutées après coup, des indices qui donneraient à penser que cette belle pyramide ne touchait peut-être pas à l'église du xii° siècle et qu'elle en était séparée, ainsi que cela a lieu pour le clocher de l'église de la Trinité, à Vendôme.

Le plan marqué n° 2 est le premier étage de notre clocher. Les ouvertures qui sont en avant et à droite indiquent les fenêtres telles que nous les voyons sur la façade occidentale et la façade méridionale. Les deux ouvertures à gauche étaient primitivement aussi des fenêtres donnant au dehors; aujourd'hui elles donnent dans l'intérieur de la nef. Le côté opposé à la façade nous montre la suite de l'escalier et le commencement de la balustrade au bas du toit des bas côtés, ainsi qu'une porte conduisant sous les combles de ces bas côtés.

Le plan marqué n° 3 est l'étage au-dessus du précédent. En avant et à droite sont les fenêtres que nous voyons aussi dans les façades occidentale et méridionale. Le côté gauche contient un petit escalier qui conduit sur les combles de la grande toiture, et la face extérieure du clocher à ce même niveau se trouve noyée dans les constructions du xiiie siècle ajoutées pour allonger la nef, ainsi que nous l'avons dit plus haut.

La face postérieure de cet étage contient un petit réduit, causé par les adjonctions dont nous venons de parler, et la fin de l'escalier du clocher vieux qui finit ici; car, à partir de cet étage, le clocher et la pyramide jusqu'à son sommet sont entièrement vides et ne contiennent ni enrayement ni accessoire d'aucune sorte.

Il y a aussi une fenêtre percée sur le côté droit de cette face.

Le plan n° 4 est une coupe horizontale de cette partie du clocher, là où commencent ces grandes lucarnes garnies de frontons et de clochetons, comme nous l'apercevons sur les élévations de la flèche du clocher vieux dans les planches où sont données les façades occidentale et méridionale.

PLANCHE XXV.

PLANS ET DÉTAILS DU VIEUX CLOCHER.

Nous voyons sur cette planche deux autres plans ou plutôt deux tranches horizontales du clocher vieux. L'une de ces coupes horizontales est prise près du sommet des grandes lucarnes, et l'autre, à la hauteur des fenêtres percées dans chacun des pignons sur les quatre faces principales. Il faut faire ici une remarque importante. Les côtés de la base de la pyramide ne sont pas égaux et, par suite, les faces de l'octogone sont de dimensions différentes ainsi que l'inclinaison de ces faces. Il en résulte une singulière déformation dans toute la flèche. Malgré leur grande habileté, les architectes du XIIᵉ siècle n'ont pas su éviter la difficulté qui se présentait à eux, et toute la partie moyenne de la pyramide est irrégulière. Du bas du clocher, on s'aperçoit que les arêtes du clocher ne sont pas rectilignes, mais présentent un certain angle dans la partie supérieure, les appareilleurs ayant rectifié et redressé le sommet afin de le rendre plus régulier.

Cette planche contient aussi une coupe perpendiculaire de l'une des grandes lucarnes et les profils de diverses moulures et colonnes engagées dans les parties hautes du même clocher[1].

---

[1] Il ne sera pas inutile de consulter ici les renseignements donnés par Félibien. Voir : *Mémoires pour servir à l'histoire des maisons royalles et bastimens de France, par* *André Félibien, etc.,* publiés par M. A. de Montaiglon pour la Société de l'histoire de l'art français, année 1874, p. 81.

PLANCHE XXVI.

DÉTAILS DU VIEUX CLOCHER.

Les chapiteaux représentés ici sont pris à différentes hauteurs de
otre vieux clocher. Ils sont tous variés et composés avec goût. Ils nous
ontrent la fécondité d'imagination dont les artistes de cette époque
taient doués. On remarquera qu'ils conservent une certaine ressem-
lance avec ceux de l'architecture romaine. Plusieurs feuilles rappel-
nt l'acanthe antique, et la volute à plusieurs circonvolutions s'y montre
n plusieurs endroits.

PLANCHE XXVII.

DÉTAILS DU VIEUX CLOCHER.

Cette planche renferme des fragments de construction et d'ornementation. On y voit les soubassements du vieux clocher, ainsi que des bases et des chapiteaux, puis des modillons et des profils de moulures et de corniches. Tous ces détails appartiennent au XIIe siècle et sont empreints de ce caractère simple et grandiose qui caractérise cette belle époque de l'architecture en France.

PLANCHE XXVIII.

DÉTAILS DU VIEUX CLOCHER.

Nous voyons ici une collection de têtes fantastiques formant des argouilles ou des modillons, décorant la base de la pyramide du clocher vieux; elles sont remarquables par leur caractère d'énergique sauvagerie et semblent vivantes. On remarquera aussi deux chapiteaux à feuillage ingénieusement disposé, et des moulures ornées de cavités en forme de têtes de clous, accompagnées de rangées de dents de scie, ornements simples et faciles à exécuter, mais dont l'effet est toujours heureux.

On trouve encore sur cette planche la copie d'une inscription placée sur l'épaisseur d'une des fenêtres des lucarnes, à la base du clocher vieux, en face du clocher neuf. Ainsi qu'on peut le voir, cette courte inscription nous donne, en lettres de forme romaine, le nom d'un certain HARMANDV' et la date de 1164 en chiffres arabes. Est-ce le nom d'un des maîtres de l'œuvre, et l'indice que le clocher était arrivé à cette hauteur en l'année indiquée en ce lieu? Au moment où ces inscriptions furent signalées on crut avoir fait une intéressante découverte; mais une observation plus attentive et surtout l'opinion des paléographes ne permettent pas d'admettre que ce nom d'Harmandus, grossièrement gravé sur la pierre, ni que cette date de 1164 d'une lecture douteuse, puissent être acceptés avec certitude. L'emploi des chiffres arabes est à noter. Quoiqu'ils ne fussent pas usuels à cette époque, ils étaient cependant connus. M. Michel Chasles, de l'Académie des sciences, admet le fait, comme on peut le voir dans ses travaux insérés dans les *Mémoires de l'Académie des sciences*.

14.

PLANCHE XXIX.

DÉTAILS DU VIEUX CLOCHER.

ORNEMENTS DIVERS.

Ce sont des têtes de monstres, des sommets et couronnements de pinacles remarquables par leur originalité, des fragments des cordons qui règnent sur les angles de la flèche ou sur le milieu des faces. Ces êtres imaginaires et bizarres sont pleins d'expression et de vie.

PLANCHE XXX.

CHAPITEAUX DU CLOCHER NEUF.

On a réuni sur cette planche plusieurs groupes de chapiteaux du
XIIᵉ siècle, provenant de la partie ancienne du clocher neuf. On y trouve
encore la feuille d'acanthe peu altérée, persistance des traditions antiques. La volute n'est pas complètement abandonnée; seulement elle
s'éloigne de la forme que lui donnait la sculpture romaine. Le sol
chartrain et ses environs devaient offrir au XIIᵉ siècle de nombreux
fragments d'architecture antique dont les sculpteurs des églises ne
pouvaient manquer de s'inspirer.

PLANCHE XXXI.

DÉTAILS DU CLOCHER NEUF.

A gauche, et en haut de cette planche, est le plan du clocher neuf pris à l'étage qui est au niveau de la galerie des Rois. Ce plan offre la coupe des piliers prise à deux hauteurs différentes, comme l'indiquent les deux teintes de la gravure.

L'escalier que nous voyons en avant est celui qui conduit depuis le bas du clocher jusqu'à la base de la pyramide, comme on le voit sur la planche XXXV, représentant la coupe longitudinale de la cathédrale.

L'autre escalier, en haut et à gauche, conduit de ce même étage à la balustrade qui se voit sous la galerie des Rois.

Au-dessous de ce plan, il y a un détail à une plus grande échelle de la pile marquée A. C'est l'un des quatre pilastres qui sont aux angles. Ils sont tous les quatre semblables. Ce sont des constructions de la fin du XIIIe siècle, modifiées au XIVe.

Le côté droit de la même planche est occupé par un plan de l'étage au-dessus du précédent ; il fait partie de la construction de Jean de Beauce (XVe siècle). Nous y voyons les huit piliers qui supportent la pyramide, et les quatre pilastres sur lesquels s'appuient les arcs-boutants qui vont s'appliquer plus haut contre cette pyramide afin de la renforcer.

L'escalier fait suite à celui que nous avons vu sur l'autre plan. En avant, l'on voit à une échelle plus grande les détails d'un des huit piliers de la pyramide et de l'un des quatre pilastres qui occupent les angles de la partie carrée du clocher.

PLANCHE XXXII.

DÉTAILS DU CLOCHER NEUF.

Ce sont les deux derniers étages du clocher neuf qui sont ici représentés.

A gauche, c'est l'étage qui passe derrière les gâbles de ces pignons à jour qui surmontent les huit fenêtres ou arcades supportées par les huit piliers que nous avons vus dans la planche précédente, à droite. A cette hauteur, la construction forme une retraite et la pyramide devient plus étroite. La partie extérieure de cet étage forme une petite galerie qui permet de circuler tout autour du noyau rétréci de la pyramide. On voit en dehors le haut de l'escalier du clocher, et en dedans, un autre escalier qui conduit à l'étage où se trouve le timbre de l'horloge.

Au-devant de ce plan, et sur les côtés, sont des détails, à une échelle plus importante, de diverses parties de la construction de ce même étage.

Sur la droite de la planche est le plan, ou plutôt la coupe horizontale, de la lanterne de l'étage supérieur à jour, que l'on aperçoit dans la grande façade occidentale. En décrivant cette façade, nous avons fait remarquer qu'à sa partie supérieure, immédiatement au-dessous de la flèche terminale, il y a un espace où se trouve suspendu le timbre de l'horloge; c'est cette partie que nous voyons indiquée ici, d'abord d'une manière complète, avec ses seize piliers, puis, au-dessous, à une échelle plus grande, un détail de trois de ces petites piles aux points d'appui de la flèche.

PLANCHE XXXIII.

CHAPELLE DE SAINT-PIAT.

La chapelle de Saint-Piat date du commencement du xive siècle et fut ajoutée en hors-d'œuvre au chevet de l'église cathédrale. On a voulu en donner ici la porte, avec quelques détails, parce que c'est une œuvre fort élégante, et afin de montrer comment le goût si pur et si sévère du xiiie siècle s'est modifié dans le courant d'un siècle.

Cette porte a été ouverte au-dessous d'une fenêtre dont elle a détruit la partie inférieure; car le bas de la fenêtre que l'on aperçoit aujourd'hui est beaucoup plus haut que n'était l'ancien.

Les colonnes que nous apercevons à droite et à gauche font partie des bas côtés de l'église et datent du xiiie siècle, ainsi qu'il est facile de le reconnaître à leurs détails et au style de la sculpture.

Un perron de sept marches conduit à l'ébrasement de la porte, dont l'ouverture supérieure est carrée, l'ogive étant remplie par un tympan décoré de statues. Au milieu est la Sainte Vierge debout, portant l'Enfant Jésus; de chaque côté est un ange thuriféraire : ces trois statues sont posées sur des consoles ornées de feuillage. Les deux angles inférieurs du tympan sont aussi supportés par des consoles semblables. Au commencement du siècle, on enleva les vantaux primitifs et on les remplaça par une porte du xviie siècle provenant de la crypte. L'ouvrage sur les monuments français, par Willemin, reproduit l'ancienne disposition, et j'ai vu chez un amateur chartrain le marteau en fer forgé et ciselé que présente la planche de Willemin. Le fronton ou gâble et les pinacles qui forment le haut de cette porte, disposés suivant le style de cette époque, sont sculptés avec goût et disposés d'une manière qui fait prévoir ce que deviendra l'architecture légère du xve siècle.

Le sommet du pignon est surmonté par une statue du Christ. Il est debout et vêtu d'une simple draperie, comme s'il sortait de son tombeau à la résurrection ; il est tellement semblable, pour la pose et pour le sens qu'il présente à la vue et à l'intelligence, à la statue placée au pignon occidental de la cathédrale, qu'il serait possible que ces deux statues fussent du même artiste. Toutes les deux montrent les plaies du côté, la draperie étant écartée à dessein de cette partie du corps. De chaque côté, sur le sommet des pyramidions qui terminent les montants de la porte, sont deux anges qui tiennent les instruments de la Passion : la croix, les clous, la lance et la couronne d'épines (un peu mutilés). L'ensemble de cette décoration représente donc ces sujets que le moyen âge aimait à reproduire si souvent, savoir : Jésus fait homme, dans les bras de sa mère ; le supplice de la croix et la résurrection précédant le Jugement dernier.

Les marches que l'on aperçoit par le vide de la porte conduisent à la chapelle de Saint-Piat, dont on voit le plan à plusieurs élévations sur les planches de cette monographie donnant les plans de la cathédrale à diverses hauteurs.

Les murs de cet escalier sont formés par une claire-voie fort élégante. Au sommet, après avoir monté une trentaine de marches, on arrive à un palier et à une seconde porte, qui donne entrée dans une belle et vaste chapelle, dont les ravages du temps et l'ignorance des hommes ont enlevé toutes les décorations accessoires à la maçonnerie. Il ne reste que des lambeaux d'une vitrerie qui font regretter ce qui manque, car c'était une œuvre d'une grande finesse. Au fond de la chapelle, du côté de l'Est, une grande fenêtre à meneaux fort découpés laisse pénétrer largement la lumière. De chaque côté de l'autel, une porte donne accès à des chambres placées dans des tours qui renforcent les angles de cette construction du côté de l'Est.

Au-dessus de la voûte à nervures il y a une superbe charpente, et à l'étage inférieur se trouve la salle capitulaire, dans laquelle on pouvait se rendre de la chapelle absidale de l'église même par une porte située sous une des fenêtres de la cathédrale.

On devra remarquer aussi, en examinant l'extérieur de cette belle construction, que le mur oriental est concave, afin de présenter du côté de la vallée, peu éloignée de ce côté, une force de résistance capable de résister à la poussée de cette chapelle, qui n'est pas appuyée sur des contreforts.

PLANCHE XXXIV.

CHAPELLE DE SAINT-PIAT.

Cette planche représente à une plus grande échelle les détails de sculptures que nous avons déjà vus et décrits dans la planche précédente :

Le Christ enfant entre les bras de la Sainte Vierge ;

Un des anges thuriféraires ;

Le Christ ressuscité et montrant les plaies de son côté, de ses mains et de ses pieds ;

L'ange portant la lance et la couronne d'épines et celui qui tient la croix, et, sur un voile, les clous de la crucifixion. Ils apparaissent ici comme dans les représentations du Jugement dernier.

Nous voyons de plus ici des détails de la sculpture d'ornement, dont la finesse et la délicatesse sont d'un goût aussi pur qu'élégant, caractère particulier de l'art français au moyen âge.

PLANCHE XXXV.

COUPE LONGITUDINALE.

Ce dessin, représentant le monument d'une manière géométrale, est excellent pour celui qui veut se rendre compte des dimensions et des rapports des diverses parties qui le constituent; mais il a l'inconvénient de ne pas présenter aux yeux l'aspect réel que donne la perspective lorsqu'on se promène sous ses voûtes, au niveau du sol. Pour ne signaler que quelques-uns des inconvénients de ce système, nous ferons remarquer que le haut des fenêtres des bas côtés ne s'aperçoit pas. Il en est de même pour les petites roses surmontant les fenêtres hautes et la grande rose septentrionale : elles sont tronquées et masquées par les nervures et une partie des voûtes, ce qui produit un effet disgracieux que nous sommes obligé de rectifier par le raisonnement; d'un autre côté, nous avons l'avantage de voir d'un seul coup d'œil toute l'étendue de l'église et d'en saisir la belle économie.

Pour l'étudier avec ordre, nous examinerons successivement et séparément, en allant de l'Ouest à l'Est : 1° *le clocher;* — 2° *l'église du XIIIe siècle;* — 3° *la crypte de Fulbert et celle qui fut le martyrium.*

1° *Le clocher.* C'est celui du nord, dont nous voyons ici une des faces, au bas dans l'église : c'est la partie que le XIIIe siècle engloba dans l'intérieur pour allonger la nef, ainsi que nous l'avons déjà dit, et au haut il dépasse la toiture et nous montre une de ses faces, ainsi que l'escalier situé par derrière; sur cette tourelle on a rétabli une statue d'un ange debout, tenant en main une croix longue et fine.

La partie inférieure (du XIIe siècle), qui se voit aujourd'hui dans l'église et en a augmenté la longueur de deux travées, n'offre pas un raccordement bien satisfaisant pour la vue.

A la hauteur des fenêtres de la nef, on a simulé par un motif d'architecture la forme de deux de ces fenêtres; mais, outre qu'elles s'élèvent à une plus grande hauteur et changent la forme des voûtes, elles sont aveugles et dépourvues de toute ornementation. Un faisceau de colonnes engagées a été ajouté sur le milieu par des pierres lancées dans un contrefort et supporte la retombée des nervures de ces deux nouvelles travées; ces colonnes ne descendent pas jusqu'au sol, comme dans le reste de l'église : elles s'arrêtent au niveau du premier étage du clocher. On voit à côté les deux fenêtres du xiie siècle, qui n'ont subi aucune modification et sont restées comme des baies donnant à l'extérieur et destinées à être vues du dehors; elles ne semblent pas faites pour orner l'intérieur de l'église.

Plus bas sont deux arcades aveugles, qui paraissent une modification faite à cette face de la tour après son achèvement au xiie siècle.

Enfin, à la partie inférieure, au niveau du sol, sont deux arcs ouverts et en plein cintre qui communiquent avec le rez-de-chaussée de cette tour et donnent accès à l'escalier de la crypte, du côté du nord. Les chapiteaux de ces deux arcades ont des sculptures du xiie siècle avec des personnages et des êtres fantastiques; ils sont considérés comme des sujets symboliques, mais n'ont pu être expliqués [1] et sont restés rebelles aux interprétations des antiquaires.

On voit à gauche de cette partie du clocher, faisant partie de l'église, la coupe de la porte principale, avec ses statues et ses voussures; au-dessus est la fenêtre du milieu, et au-dessus encore la grande rose occidentale.

Mentionnons ici, plutôt pour mémoire que comme objet d'étude, la charpente en fer qui a partagé en deux ces deux parties du clocher et qui s'étend d'un bout à l'autre de l'édifice. C'est une œuvre moderne qui a remplacé la célèbre charpente en chêne, du xive siècle, surnommée la forêt et qui fut détruite par l'incendie de 1836.

2° *L'église du xiiie siècle.* Au niveau de la face postérieure du clocher, là où devaient se trouver la façade et la porte principale de l'église

---

[1] Le P. Cahier, dans ses *Mélanges d'archéologie*, volume des *Curiosités mystérieuses*, 1874, pages 191 à 195, est l'auteur qui parle de ces chapiteaux de la manière la plus instructive.

du xn° siècle, un faisceau de colonnes engagées monte jusqu'à la hauteur de la voûte pour recevoir un grand arc-doubleau ; c'est là, véritablement, que commence la grande église, ce chef-d'œuvre que le génie d'un architecte du xiiic siècle a conçu et dont il a pu diriger la construction.

Après ce faisceau de colonnes, on voit se suivre les arcades de la nef : elles ne sont pas toutes de même largeur ; au-dessous d'elles on aperçoit les fenêtres des bas côtés. Nous avons mentionné, dans la planche I, la forme et la disposition des piliers qui les séparent ; il est inutile d'y revenir ici : le dessin, du reste, le fait bien comprendre.

Au-dessus, le triforium, ou petite galerie de service, permet de circuler autour de l'église, et plus haut encore sont les voûtes et les fenêtres hautes, formées à chaque travée par deux ogives jumelles et par une petite rosace.

Continuant notre examen vers la droite, nous rencontrons le transept nord, dans lequel est une grande porte (ouverte dans la gravure) à laquelle des arcs aveugles servent d'accompagnement. Le haut de ce transept est formé par cinq hautes fenêtres et par une grande rose dont le tracé est fort singulier ; nous voyons apparaître là cette légèreté qui plus tard deviendra le but principal des architectes pour ces grandes fenêtres circulaires.

A gauche de cette porte, on voit par-dessous la dernière arcade de la nef une des portes latérales du porche nord (représentée ici fermée) ; celle du côté opposé se trouve cachée par la clôture du chœur et par les stalles.

Après le transept, s'étendent le chœur, le déambulatoire postérieur et les chapelles de l'abside, au-dessus desquelles apparaissent les parties extérieures, c'est-à-dire les contreforts du chœur, qui sont à double volée.

Dans le chœur, on n'a indiqué ni l'autel, ni le trône épiscopal, ni aucune partie du mobilier sacré du sanctuaire, parce que, tous ces accessoires ayant été refaits à la fin du dernier siècle, on ne trouvait pas d'intérêt à reproduire ici ce qui n'avait aucun rapport avec les œuvres du moyen âge.

N'omettons pas de remarquer que les fenêtres des bas côtés du chœur sont différentes de celles de la nef; elles sont ici plus larges et formées de deux ogives simples, au-dessus desquelles sont des oculus de petites dimensions.

Ce dont la gravure que nous venons d'examiner ne peut donner la plus faible idée, ce qu'elle n'a pas même essayé d'indiquer par un trait incolore, c'est la collection de vitraux qui remplissent toutes les fenêtres et produisent un effet dont la splendeur est incomparable. Le plus grand nombre est de la meilleure époque du XIIIe siècle; quelques-uns seulement peuvent être attribués au commencement du XIVe.

3° *La crypte de Fulbert et le martyrium primitif.*

Nous voyons peu de choses de ces deux cryptes. Pour l'une, c'est une portion de sa galerie circulaire, et la chapelle absidale dans toute sa longueur; pour l'autre, c'est une section dans le sens de l'Ouest à l'Est.

PLANCHE XXXVI.

COUPE SUR LE TRANSEPT ET LES PORCHES.

Au milieu de cette planche nous voyons l'extrémité orientale du chœur; sa disposition architecturale est semblable à celle dont nous avons aperçu le commencement sur la planche précédente. On comprend mieux ici la forme des fenêtres : les arcades du chœur étant fort étroites à l'abside, les fenêtres n'ont pu avoir la même largeur; elles sont simples et ne sont pas surmontées de roses. Il y en a sept ainsi disposées.

La partie inférieure du chœur ne présente aucune particularité à observer. Il ne reste pas le moindre vestige de la décoration ancienne du sanctuaire. Son autel avec ses accessoires, dont les descriptions nous font une peinture intéressante, a complètement disparu. L'instabilité du goût et l'admiration sans bornes de la nouveauté ont causé ces destructions à tout jamais regrettables.

De chaque côté nous voyons les bras des deux transepts qui s'étendent vers le Sud et vers le Nord, semblables en tout à la nef que nous avons vue dans la planche précédente.

Puis en dehors, de chaque côté, nous apercevons en coupe les deux porches immenses et profonds, œuvre de la fin du XIIIe siècle; ils en sont certainement une des plus merveilleuses productions.

Nous avons vu dans quelques-unes des planches de cet ouvrage un certain nombre de ces belles statues sur lesquelles la louange est intarissable.

Rappelons en deux mots que le porche Nord contient principalement des faits ayant rapport à l'Ancien Testament, et le porche Sud les merveilles de la nouvelle loi et le jugement dernier, ou la consommation des siècles.

PLANCHE XXXVII.

JUBÉ.

Ce sont des fragments du jubé du xiiie siècle, démoli d'une manière regrettable à la fin du siècle dernier. Au bas de la planche est un bas-relief représentant la Nativité du Sauveur. L'Enfant Jésus, emmail-loté avec soin au moyen d'une élégante bandelette qui serre ses langes, est étendu dans une crèche entre le bœuf et l'âne. Sa Sainte Mère est couchée sur un lit dont la surface supérieure est inclinée en avant d'une manière exagérée. Cette disposition, outrée et contraire à la réalité, avait été adoptée avec intention par le sculpteur afin de per-mettre aux fidèles de voir le personnage de N. D., qui, placée sur une surface horizontale, aurait complètement disparu aux yeux, le bas-relief étant placé à une hauteur trop grande. Au pied du lit, saint Joseph s'approche en s'inclinant vers N. D. et lui présente une sorte de voile. La crèche est supportée par de petites colonnettes alternati-vement cylindriques et octogones, suivant le système suivi dans l'église haute, comme nous l'avons déjà remarqué. Le travail de sculpture de ce morceau est exécuté avec une extrême perfection, dans une pierre de liais fort dure. Les deux figures de l'Enfant Jésus et de sa Mère ont les traits pleins de grâce et sont animées des sentiments d'une douce sympathie exprimés de la manière la plus touchante. Il faut remarquer avec quelle finesse sont élaborés les minuscules chapiteaux qui suppor-tent la crèche, et les liens, sculptés à jour, du bœuf et de l'âne. L'un des deux n'a été cassé que fort récemment, après avoir échappé pendant plus de quatre cents ans à mille chances de destruction. Je suppose que la tête de saint Joseph aura été brisée par un de ces stu-pides collectionneurs d'œuvres d'art, pour satisfaire son goût particu-lier au détriment des vrais amateurs et admirateurs du moyen âge.

Le sommet de cette planche nous montre une des clefs de voûte du même jubé. Au centre est la Vierge assise sur un trône et portant son Fils sur ses genoux. Elle est couronnée et n'a point de nimbe; elle se détache sur un disque concave entouré de feuillages, et dans les intervalles des quatre nervures qui aboutissent à la clef de voûte sont quatre anges qui s'agenouillent devant leurs maîtres et les encensent. Comme au précédent bas-relief, les personnages ne sont pas nimbés. Quoique les artistes du moyen âge fussent fort habiles à triompher des difficultés, ils ont souvent omis, lorsque le bas-relief est fort saillant, de placer des nimbes autour de la tête des personnages qui devaient en être accompagnés, soit que cette trop grande saillie de la sculpture rendît la chose difficile à exécuter, soit qu'ils n'apportassent pas à cet accessoire symbolique la même importance que leurs confrères les peintres, soit pour toute autre raison qui nous échappe.

Au-dessous de cette clef de voûte présentée de face on en voit une *coupe*. La partie supérieure, celle qui est derrière le dos du groupe de la Sainte Vierge et de son Fils, est creusée profondément afin d'obtenir par cet évidement une grande diminution dans le poids du bloc de pierre.

Puis d'un côté, à droite, est un des quatre anges thuriféraires que nous voyons plus haut de profil, et de l'autre, à gauche, un des chapiteaux faisant partie de l'architecture de notre jubé. Les feuillages qui entourent et forment ce chapiteau sont travaillés avec la plus grande habileté et avec un goût exquis.

De ce précieux monument il reste de nombreux fragments, mais ils sont tellement incomplets et mutilés qu'il est presque impossible d'en essayer, même sur le papier, une restauration satisfaisante. Ces morceaux concassés excitent au plus haut point les regrets, car ils apprennent que nous avions là un véritable chef-d'œuvre, où l'architecture et la sculpture, accompagnées de tous les charmes de la peinture, se réunissaient avec une parfaite harmonie pour la satisfaction de nos yeux et de notre esprit.

Avant d'aller plus loin, nous interromprons nos explications pour
rler de deux immenses fenêtres dont on regrette de ne pas trouver
reproduction parmi les planches publiées : ces deux fenêtres sont
les qui, en forme de Roses, terminent les transepts Nord et Sud.
s artistes, les archéologues, les savants, les contemplent avec admi-
ion; leur aspect enchante la vue par la beauté et l'harmonie des cours; leur examen ne peut laisser indifférent, et l'on se trouve en-
íné à chercher le sens de leur composition iconologique.

La Rose septentrionale représente la glorification de Jésus-Christ
la terre et dans le temps, et celle du côté méridional la glorifica-
n de Jésus-Christ dans les cieux et dans l'éternité.

ROSE SEPTENTRIONALE [1].

Au centre de cette grande fenêtre, dans un cercle entouré de festons
uronnés, nous voyons l'Enfant Jésus, le Messie, le Désiré des nations,
nissant de la main droite le globe du monde, qu'il tient en sa main
uche. Il est assis sur les genoux de Marie, sa mère, qui le soutient
la main gauche. La couronne qu'elle porte sur la tête, le sceptre
'elle tient en sa main droite et le trône sur lequel elle est assise nous
liquent ses prérogatives de Reine des Cieux et des Anges, ainsi
e la proclame la croyance de l'Église.

Autour du médaillon central, où sont Jésus et sa Mère, sont rangés
culairement douze compartiments de forme ovoïde et terminés en
fle. Dans chacun d'eux, sur un fond en mosaïque, est un petit cercle.
s quatre plus élevés contiennent des colombes avec nimbe croisé;
es se dirigent à tire-d'aile vers les deux figures centrales de Jésus
de Marie. Ces colombes symbolisent l'Esprit Saint et rappellent ces
tes : *Spiritum meum ponam super eum; Spiritus Sanctus superveniet in*

Si l'on veut avoir une idée de la ma-
-e dont les panneaux de cette Rose sont
)osés et suivre notre description sur un
sin, on aura recours à la *coupe longitu-*
ale de la cathédrale (pl. XXXV), où cette
Rose, vue par le dedans, apparaît presque
entière. On voit aussi sur cette planche les
cinq fenêtres placées au-dessous et dont nous
parlerons plus loin.

te. Les quatre compartiments au-dessous des précédents — ils occupent les côtés du cercle central — renferment quatre Anges agenouillés; deux tiennent des flambeaux allumés, et deux encensent Notre-Seigneur et Notre-Dame. Dans chacun des quatre petits cercles inférieurs on voit la représentation hiératique d'un Ange qui fait partie du premier ordre de ces esprits célestes et porte le titre de *Trône.* Chacun d'eux paraît ici, comme en plusieurs endroits de la cathédrale, sous la forme d'un jeune homme nimbé dont le corps est enveloppé de six ailes. Les deux ailes supérieures entourent la tête; deux autres ailes, partant au niveau du cou, descendent sur les côtés jusqu'aux pieds; deux autres ailes enfin, partant aussi de la région cervicale, se croisent devant la partie antérieure de son corps, qu'elles recouvrent presque entièrement, car de ce personnage on ne voit que les deux bras nus, étendant les mains à la manière des figures auxquelles on donne à tort le nom d'*Orantes.* On voit aussi les jambes de ce même personnage, qui sont nues ainsi que les pieds, lesquels sont posés sur une roue. Cet Ange porte chez nous une cravate nouée autour du cou, laissant pendre deux bouts d'étoffe jusqu'au bas de la poitrine. Ces Trônes, ou Intelligences célestes, sont occupés, suivant les anciens textes, à chanter la gloire de Dieu dans un *Hosanna* sans fin. Dans les églises Grecque et Russe on les peint sous la forme de roues ocellées, ailées, enflammées et entrelacées, sans y joindre rien de la forme humaine.

Autour de ces douze compartiments on voit rayonner, circulairement aussi, douze panneaux de forme carrée et plus grande. C'est là que sont rangés douze des Rois de Juda, ancêtres ou précurseurs du Messie, et formant autour du médaillon central de cette Rose une auréole de figures royales, analogue à la galerie des Rois des grands portails de nos cathédrales, ainsi que nous l'avons dit plus haut. Ils forment là comme une cour d'honneur autour du Roi des Rois. Tous sont assis sur des trônes, portent la couronne en tête et le sceptre dans la main gauche. La plupart indiquent de leur main droite, avec un geste énergique, les figures centrales de Jésus et de sa Sainte Mère. Leurs noms se lisent derrière eux dans un ordre conventionnel et sans exactitude

orthographique. Ces noms, en allant de droite à gauche, sont : *David.*
Salomon. Abia. Josaphat. Osias. Acaz. Manases. Ezechias. Joatam. Joram.
Aza. Roboam.

La grande circonférence extérieure de cette Rose est garnie de douze
demi-cercles entourés de fleurons, et portant sur un fond de mosaïque
douze cercles de petites dimensions, dans lesquels on voit les figures
des douze petits Prophètes. Ils sont debout, portent sur la tête un
bonnet, et leur costume consiste en une robe, avec une ceinture, et en
un manteau ; ils tiennent en main une banderole comme un rouleau de
papyrus et indiquent leurs prophéties. Derrière eux se lisent leurs
noms, écrits sans ordre et sans orthographe : *Ozias. Johel. Abdias. Mi-*
cheas. Abbacuc. Ageus. Machias. Zacharias. Sepenias. Nahum. Jonas. Amos.

Entre les carrés, où sont rangés les Rois, et les derniers cercles, où
sont les douze petits Prophètes, il y a une suite de douze quatre-feuilles
où brillent sur un fond d'azur les Lis d'or de France.

La partie du mur qui supporte cette Rose est percée immédiatement
au-dessous de petites ouvertures trilobées, quatre de chaque côté.
Elles sont remplies de vitrages offrant alternativement les armoiries de
France et de Castille, afin de rappeler la mémoire des royaux donateurs de toute cette face septentrionale de la cathédrale, le roi saint
Louis et sa mère Blanche de Castille. Sur la planche XXXV, à laquelle
nous avons renvoyé, ces petites fenêtres n'ont pas été indiquées par le
graveur.

LES CINQ GRANDES FENÊTRES DU TRANSEPT SEPTENTRIONAL.

Au-dessous de la grande Rose septentrionale il y a cinq hautes fenêtres, formées chacune d'une simple ogive. Toutes les cinq sont garnies
de splendides vitraux, dont l'éclat après six siècles est encore merveilleux. Quatre des personnages qui y sont peints appartiennent à l'Ancien Testament et personnifient une Vertu, ayant au-dessous d'eux
en petites dimensions la personnification d'un Vice qu'ils foulent aux
pieds.

La cinquième fenêtre renferme un personnage placé sur la limite et le point de contact des deux Testaments. Nous le décrirons de suite, en renvoyant à la planche lithographiée qui en donne une reproduction : c'est sainte Anne (pl. LIX). Elle est debout, ayant une couronne royale sur la tête et tenant un sceptre fleuri dans sa main droite; de la main gauche, elle porte la Sainte Vierge, encore petite enfant et qui tient entre ses mains le Livre de la Loi : « *Lex tua meditatio mea est* », répétait cette humble servante de Dieu, dont les destinées devaient être si illustres.

Au-dessous de sainte Anne portant la Sainte Vierge est un grand écu où se voient glorieuses les grandes Fleurs de lis d'or sur fond d'azur qui pendant des siècles ont symbolisé le Royaume de France et accompagnaient sa gloire dans le monde entier.

Les quatre personnages de l'Ancien Testament qui garnissent les autres fenêtres sont disposés de la manière suivante : à gauche, dans la première fenêtre, est Melchisédech avec un vêtement moitié royal, moitié sacerdotal. Sur sa tête est une couronne surmontée d'une tiare. Prêtre et Roi, il porte d'une main un encensoir, et de l'autre une coupe ou ciboire contenant le pain et le vin qu'il offrait au Seigneur. Au-dessous de ce personnage de taille héroïque on voit le Roi Nabuchodonosor, d'une taille beaucoup plus petite, s'agenouillant pour adorer la Statue d'or, d'argent et de bronze. Nous pensons que ces deux personnages expriment la Foi au vrai Dieu et l'Idolâtrie.

Dans la seconde fenêtre est David en costume royal et tenant une harpe. C'est la force, le courage et la confiance en Dieu qui vivent en lui. Il foule aux pieds Saül, qui se transperce le corps avec un large glaive : c'est l'image du Désespoir.

De l'autre côté, en pendant avec ces deux grandes images, nous voyons d'abord le Roi Salomon qui se montre dans sa gloire et sa majesté avec le costume que les rois portaient en ce temps-là, et tenant un sceptre en sa main droite. Il présente à nos yeux la personnification de la Sagesse dont il fut rempli. Au-dessous de lui Roboam, prosterné devant deux Veaux d'or, symbolise la Folie humaine adorant des animaux en place du vrai Dieu.

La dernière fenêtre nous offre l'image d'Aaron portant le costume sacerdotal du grand prêtre des Juifs; il tient dans une main le livre de la Loi et dans l'autre la tige verdoyante de la tribu de Lévi (Nombres, XVII). Au-dessous de lui est le roi d'Égypte Pharaon tombant de cheval. Ces personnages figurent l'Humilité et l'Orgueil.

ROSE MÉRIDIONALE [1].

Cette immense fenêtre circulaire représente la glorification de Jésus-Christ dans les siècles futurs et l'éternité. Il nous semble entrevoir, en levant les yeux et en considérant cette grande et belle verrière, une faible esquisse des Visions d'Ézéchiel et de saint Jean dans son Apocalypse. Ce sont leurs paroles qui ont inspiré cette belle peinture, et nous ne pourrons nous empêcher de citer, en les décrivant, quelques fragments du texte sacré.

Au centre est Jésus-Christ, assis sur un trône royal. Ses deux bras sont levés et étendus. De la main droite il bénit le monde, et de la gauche il tient une grande coupe d'or, indice de son sacerdoce éternel : *Christus rex et sacerdos.* Deux grands flambeaux qui sont auprès de lui rappellent les lampes que l'Apôtre Jean voyait allumées dans les cieux : « Autour du trône, — dit saint Jean, — il y en avait vingt-quatre autres sur lesquels étaient assis vingt-quatre vieillards avec des couronnes d'or sur leurs têtes, ayant chacun des harpes et des coupes d'or pleines de parfums, qui sont les prières des saints. » Nous retrouvons tout ceci dans notre vitrail.

Vis-à-vis et près du trône, il y avait quatre Animaux : le premier animal était semblable à un Lion, le second était semblable à un Veau, le troisième avait le visage comme celui d'un Homme et le quatrième était semblable à un Aigle qui vole. Dans notre vitrail, chacun de ces êtres mystérieux tient une banderole figurant les rouleaux des Évangélistes dont ils sont le symbole. Ces quatre Animaux ne cessaient jour et nuit de crier : *Saint, Saint, Saint est le Seigneur Dieu tout-puissant, qui était,*

---

[1] On peut voir sur la planche X (face méridionale) l'ensemble de cette Rose et les cinq grandes fenêtres qui sont au-dessous.

qui est et qui doit venir. Et lorsque ces Animaux rendaient gloire, honneur et actions de grâces à Celui qui est assis sur le trône et qui vit dans les siècles des siècles, les vingt-quatre vieillards se prosternaient devant Celui qui est assis sur le trône, et ils adoraient Celui qui vit dans l'éternité en lui disant : « Nous vous rendons grâces, Dieu tout-puissant, de ce que vous êtes entré en possession de votre grande puissance et de votre règne. »

Près des quatre Animaux, nous voyons dans la Rose quatre Anges; deux tiennent des flambeaux et deux autres parfument l'air avec l'encens dont la fumée sort de leurs encensoirs. Ces Anges, à genoux, sont l'indication et la figure des anges nombreux qui paraissent dans ces scènes pleines de mystères, en même temps que les vingt-quatre Rois et les quatre Animaux ou symboles évangéliques. Tous ces êtres, dépeints dans l'Apocalypse, sont représentés ici dans des compartiments circulaires qui forment de grands cercles concentriques autour du médaillon central où se trouve Jésus-Christ.

Dans les intervalles des compartiments où sont les Rois, il y a douze petits *Oculus,* en forme de quatre-feuilles, où sont peintes les armes de Dreux-Bretagne, rappelant les hauts et puissants seigneurs à qui l'on doit la construction de la plus grande partie du transept méridional et dont nous trouverons les effigies au bas des grandes fenêtres publiées dans une des planches que nous aurons bientôt à décrire.

Terminons la description de cette Rose en faisant remarquer que la beauté et l'éclat de ses verres multicolores sont encore un souvenir apocalyptique. Saint Jean, en effet, nous fait connaître que les murs de la cité de Dieu étaient formés des pierreries les plus précieuses et les plus brillantes. Le jaspe, le saphir, l'émeraude, la topaze, l'améthyste, etc., composaient la clôture de la nouvelle Jérusalem, où les justes serviront Dieu et verront sa face pendant tous les siècles.

ROSE OCCIDENTALE.

Elle représente le Jugement dernier.

Ces trois roses n'ont pas été reproduites; leur importance dans le monument ne permettait pas de n'en pas parler.

PLANCHES XXXVIII, XXXIX, XL, XLI.

LES QUATRE GRANDS PROPHÈTES ET ÉVANGÉLISTES.

Ces belles et grandes lithographies reproduisent quatre des fenêtres
acées sous la grande Rose méridionale[1]. Elles contiennent chacune
groupe de deux personnages. Mais, comme dans la publication ces
verses planches sont coupées en deux, il est nécessaire, pour rétablir
nsemble de chacune des fenêtres, de faire réunir et coller leurs par-
s supérieures avec les inférieures : on aura pour résultat deux plan-
es doubles (en hauteur), contenant chacune deux groupes de figures.
s deux grandes planches offriront alors aux regards un tableau dont
nvention et la composition paraîtront d'une singulière hardiesse.
artiste a voulu représenter d'une manière figurée que l'ancienne loi
t le fondement et le support de la loi nouvelle, et voici le moyen
'il a employé pour que sa peinture présentât cette pensée aux yeux
à l'esprit. Il a dessiné chacun des quatre grands Prophètes de la loi
Moïse portant sur ses épaules un des quatre hérauts de l'Évangile
Jésus-Christ. Cet énoncé n'a rien en lui qui justifie les mots de
ngulière hardiesse employés plus haut, et cependant ne pourrait-on
s être choqué de voir dans ces vitraux les Évangélistes à califourchon
r les épaules des Prophètes? Car on ne peut se servir d'une autre
pression pour la posture commune et triviale dans laquelle ils se
ontrent à nos yeux. Cependant rien ici n'est inconvenant ni ridicule,
rce que les poses sont naturelles et décentes, et que la dignité des
rsonnages n'est point altérée. L'expression de leurs figures est sé-
euse, calme et tranquille; rien dans leur attitude n'éloigne notre
prit de la gravité d'une peinture religieuse, malgré le mode vulgaire
peu relevé employé par le peintre. C'est une des prérogatives des

[1] La cinquième fenêtre, contenant la Vierge et l'Enfant Jésus, se trouve sur la planche LX.

âges primitifs que cette naïveté et cette simplicité enfantines qui per-
mettaient d'employer, dans les arts comme dans la littérature, des
tournures d'esprit ou de pensée dont nos époques modernes et raffinées
n'oseraient pas se servir lorsqu'il s'agit d'exposer certaines pensées
morales et religieuses.

Ces figures de Prophètes et d'Apôtres ainsi réunies sont encore une
manière de nous montrer la connexion de l'Ancien et du Nouveau Testament. C'était au moyen âge un sujet que l'on aimait à montrer aux
fidèles, et dont nous trouvons de nombreux exemples. Cette allégorie
de la réunion de l'Ancien et du Nouveau Testament se retrouve non
seulement dans les œuvres savantes des théologiens, mais aussi dans
une foule de compositions littéraires et artistiques à l'usage du public
moins lettré. Elle s'y montre quelquefois développée avec des détails
fort étendus. Ainsi, dans les calendriers qui sont au commencement
de plusieurs magnifiques manuscrits de livres d'Heures dans notre Bibliothèque nationale à Paris, on voit les Prophètes et les Apôtres tenant
en main des portions de texte où les deux Lois sont mises en parallèle.
Dans un autre manuscrit, où sont renfermées grand nombre d'histoires
et de moralités tirées de la Bible et de la *Vie des Saints*, on lit au commencement que ce livre va nous parler *du plus bel du Vieil Testament
et du Nouvel conjont ensemble.* L'*Hortus deliciarum* de l'abbesse Herrade,
précieux manuscrit de la bibliothèque de Strasbourg, détruit en 1870
par les bombes ennemies, contenait une grande miniature qui portait
pour titre : *Vetus Testamentum cum novo conjunctum,* et j'ai pu copier
dans ce même manuscrit quatre Médaillons dans lesquels on voit,
deux par deux, un Prophète et un Évangéliste (ou plutôt son symbole)
semblant converser ensemble : Isaïe, en face de l'Ange de saint Matthieu; — Jérémie, en face de l'Aigle de saint Jean; — Ézéchiel et le
Lion de saint Marc; — Daniel avec le Bœuf de saint Luc.

Chacune des grandes cathédrales de France contenait autrefois un
vitrail dans lequel on pouvait contempler, dans une suite de compartiments, les principaux événements du Nouveau Testament mis en parallèle avec les événements de l'Ancien Testament qui en étaient la

igure et l'annonce. Ces peintures, exposées aux regards du public, représentaient aux fidèles, d'une manière quotidienne et perpétuelle, les principales vérités de la religion que les faits historiques gravaient dans eurs mémoires. Un semblable vitrail existe à Chartres; malheureusement il est incomplet. Il en existe un autre à la cathédrale de Bourges. Les RR. PP. Cahier et Martin ont écrit, dans leur ouvrage sur les viraux de Bourges, une savante dissertation sur ce vitrail. Ils lui ont donné le titre de *Vitrail de la nouvelle alliance*, expression théologique qui semble moins à la portée du public que celle de *Vetus Testamentum cum novo conjunctum*, dont se servent habituellement les auteurs anciens dans leurs livres, et qui a été adoptée par les artistes dans les peintures et les sculptures où ils nous ont montré ces diverses phases de notre histoire religieuse.

Nous avons encore quelques mots à dire pour terminer la description de ces quatre fenêtres et pour indiquer la place occupée par les divers personnages qui s'y voient représentés.

A la droite de la fenêtre médiane (pour celui qui est tourné vers elle) est le Prophète Ézéchiel, portant saint Jean. Au-dessous d'eux est Pierre Mauclerc, comte de Dreux, à genoux, les mains jointes, et tourné vers l'image de Notre-Dame.

La fenêtre plus à droite nous montre le Prophète Daniel portant saint Marc, et, au-dessous d'eux, un jeune Prince priant aussi la Sainte Vierge. Il est debout.

Du côté opposé, c'est-à-dire à gauche du spectateur, on voit en premier lieu Isaïe portant saint Matthieu, et, au bas de la fenêtre, Alix de Thouars, duchesse de Bretagne, à genoux, les mains jointes, et tournée vers la Sainte Vierge.

Dans la dernière fenêtre à gauche est Jérémie portant saint Luc, et, au bas de la même fenêtre, une jeune Princesse debout, regardant aussi Notre-Dame, vers laquelle elle se tourne en joignant les mains.

Dans les monuments du moyen âge, jusqu'au XVIᵉ siècle, on voit ainsi dans les vitraux des familles de donateurs qui se sont fait peindre, père et mère avec tous leurs enfants, se prosternant à genoux vers

17.

Jésus-Christ ou sa Sainte Mère, en l'honneur desquels ils ont fait quelque libéralité à l'église.

La lithographie n'ayant pas reproduit ici les couleurs des blasons qui couvrent les habits des quatre seigneurs dont nous venons de parler, on ne peut voir l'aspect original que leur donnent ces échiquiers d'or et d'azur et ce quartier d'hermine qui enveloppent tout le corps de ces princes et de ces princesses.

Ces vitraux sont exécutés très largement, avec une énergie un peu sauvage, comme il convient à des figures décoratives placées à une grande hauteur dans l'immense édifice de la cathédrale. Les yeux des personnages sont d'une grandeur exagérée, et il ne faut pas s'en plaindre puisqu'on a l'avantage de les voir du bas de l'église. Ce regard pénétrant fait une grande impression sur le spectateur, avantage qu'il ne trouve jamais devant les pâles et insignifiantes figures que nous montrent trop souvent les peintures et les vitraux dans les édifices modernes. Il ne faut pas oublier de faire remarquer que les noms des Prophètes et des Apôtres sont écrits en grandes lettres, ainsi qu'on peut le voir sur les planches lithographiées.

PLANCHES XLII, XLIII, XLIV.

ARBRE DE JESSÉ OU GÉNÉALOGIE DE JÉSUS-CHRIST.

XIIᵉ SIÈCLE.

Le premier sujet que nous offre l'iconographie chrétienne, dans l'ordre qu'elle a coutume de suivre pour les représentations évangéliques, est l'arbre de Jessé. Dans ce tableau, reproduit très fréquemment au moyen âge dans les manuscrits et dans les peintures murales, dans les vitraux et dans les sculptures des édifices, on ne fait ordinairement remonter la généalogie du Sauveur qu'à son ancêtre Jessé; puis, le plus souvent aussi, la descendance de ce personnage jusqu'à l'avènement du Messie est représentée d'une manière abrégée, et non suivant la série complète des générations. Le vitrail que nous avons sous les yeux, et qui remplit trois planches, nous montre en premier lieu, au bas de la fenêtre, Jessé comme point de départ et souche de cette tige mystérieuse prophétisée par Isaïe; au-dessus s'échelonnent quatre rois, puis apparaît la Vierge; plus haut encore enfin est le Christ ou le Messie, entouré de la septuple manifestation de l'Esprit de Dieu. Ces personnages forment une bande verticale ou colonne qui occupe le milieu de la fenêtre; elle est accompagnée de chaque côté par deux autres colonnes plus étroites où s'étage une suite de quatorze Prophètes; enfin ce brillant et lumineux tableau tout entier est encadré par une bordure d'une grande richesse.

Tel est l'ensemble de cette composition symbolique; mais il ne sera pas inutile d'entrer dans quelques détails et d'ajouter quelques remarques.

Nous voyons, dans le panneau placé au milieu et au bas de la fenêtre, Jessé couché sur un lit très simple et garni d'une ample draperie blanche. Il est revêtu d'habillements bordés de galons d'or; sur sa tête est une sorte de bonnet phrygien; ses pieds sont nus; il semble plongé dans ce sommeil surnaturel pendant lequel les Prophètes recevaient les inspirations divines, et paraît plutôt enfoncé dans de sérieuses réflexions que dormir véritablement; le Prophète Nahum, placé près de lui, témoigne par un geste d'étonnement la part qu'il prend à ces visions. En haut du panneau, une arcade s'étend au-dessus du lit du prophète; une lampe et un rideau y sont suspendus; la bordure supérieure de ce rideau est formée par un galon où l'on voit une vague imitation de caractères arabes; c'est du milieu du corps de Jessé que s'élance la tige qui doit porter à son sommet le Désiré des nations. C'est de cette végétation robuste, dessinée avec fantaisie, que s'épanouiront dans les panneaux supérieurs des branches et des rameaux garnis de feuillages fantastiques, mais fort gracieux. Au milieu de ces rameaux supérieurs sont assis successivement quatre rois occupant quatre compartiments. Ils ont la couronne royale sur la tête; leurs mains saisissent deux branches latérales et leurs pieds chaussés s'appuient sur de grosses nodosités ou renflements de cet arbre mystique. La Sainte Vierge dans la même disposition occupe le septième panneau, et au-dessus de sa tête apparaît dans de plus grandes proportions son divin Fils, celui que l'Écriture appelle le Soleil de Justice, qui vient éclairer l'univers plongé jusqu'alors dans les ténèbres de la mort. Sa tête est entourée du nimbe crucifère et de sept colombes figurant les sept dons du Saint-Esprit; elles sont placées dans des cercles autour desquels se lisent leurs noms :

SAPIENTIA
INTELLECTUS
CONSILIUM
FORTITUDO
SCIENTIA
PIETAS
TIMOR

Le Sauveur tient, comme les personnages qui le précèdent, deux branches de l'arbre qui l'a produit, une de chaque main, et ses pieds sont nus.

Cette colonne médiane qui est formée par l'indication des générations précédant le Christ et se terminant à lui est flanquée, avons-nous dit, de deux autres bandes verticales, où l'on voit se succéder des Prophètes et d'autres personnages de l'Ancien Testament qui ont symbolisé le Messie.

Du côté gauche, allant de bas en haut, nous voyons :

Nahum, Samuel, Ézéchiel, Zacharias, Moyses, Isaïas, Abacuc ;

Du côté droit :

Osée, Amos, Michée, Joël, Balaam, Daniel, Sophonias.

Ces personnages se succèdent sans ordre ; le peintre ou celui qui a mis les vitraux en place n'a tenu compte ni de leur importance relative ni de l'ordre où sont rangées leurs œuvres dans la Bible. Tous tiennent en main une banderole figurant le texte de leurs prophéties, sur laquelle, ainsi que cela se faisait souvent, on s'est contenté d'écrire leurs noms ; ils ont tous le titre de prophète, quoiqu'ils ne soient pas du nombre des seize indiqués dans la Bible, mais ce n'est pas une erreur : Moïse, Samuel et Balaam ont prophétisé. Souvent leur geste semble montrer le fait de cette génération de Jésus-Christ que figurent ses ancêtres et qu'ils ont sous les yeux. La tête de plusieurs d'entre eux est ceinte d'une bandelette, vestige de la coiffure orientale, ou du turban, dont les anciens monuments nous fournissent de fréquents exemples.

Au-dessus de leurs têtes, et sortant du ciel, une main divine, ou bien une colombe, avec ou sans nimbe, indique l'inspiration qu'ils reçoivent d'en haut.

Les ornements qui forment la bordure et remplissent tous les intervalles du vitrail méritent de fixer l'attention ; ils sont d'une forme et d'une composition riche et gracieuse, et sont exécutés avec une extrême finesse. Je ne puis m'empêcher de réclamer les louanges que mérite M. Émile Beau, dont la patience est parvenue à vaincre les difficultés que présentait ce travail d'une délicatesse et d'une ténuité sans pareilles.

J'ajouterai encore quelques mots au sujet de ces belles planches en chromolithographie. J'ai fait remarquer plus haut que Jessé avait les pieds nus : dans l'état actuel du vitrail, Jessé n'a conservé intact que le

pied gauche; celui du côté droit est brisé. Nous avons pensé qu'on pouvait dans le dessin refaire ce dernier et le mettre nu comme le premier;
cependant nous ne pouvons affirmer que ce premier ne soit pas lui-même
une restauration, cette fenêtre en ayant subi une considérable au
xive siècle, comme cela est évident pour des fragments de vêtements,
pour des inscriptions et pour plusieurs têtes que nous avons aussi modifiées et restaurées dans notre dessin. Dans le Psautier ou livre d'heures
de saint Louis, de la bibliothèque de l'Arsenal, le Jessé, d'une semblable généalogie du Sauveur, a les deux pieds chaussés; mais dans
le dessin d'un arbre de Jessé à Cologne, publié par le P. Martin, Jessé
a les pieds nus comme celui de notre planche. Le vitrail de l'abbaye de
Saint-Denis, qui est fort semblable au nôtre pour la composition et la
disposition des figures, nous montre aussi un Jessé avec les pieds nus;
mais les nombreuses restaurations que ce vitrail a subies lui ont enlevé
toute autorité dans les questions d'iconographie, et lui ont fait perdre
complètement le prix attaché à une œuvre originale et pure de toute
altération. Le vulgaire, ne connaissant pas le mérite de l'authenticité
d'une œuvre d'art ou de science, approuve ces raccommodages; mais
le connaisseur sérieux n'y trouve plus son compte et déplore cette
détestable manie qui lui fait prendre en haine et en dégoût même les
choses anciennes, car il lui est impossible alors de pouvoir étudier les
monuments avec confiance puisqu'il ne peut distinguer ce qui est ancien de ce qui est moderne. Il y aurait long à en dire sur ce sujet. Bor-
nons-nous à cette sortie contre les restaurations et à demander grâce
pour celles, peu importantes du reste, faites seulement sur le papier;
elles n'altèrent pas l'original, et le public, étant prévenu, pourra pardonner, car il sera possible à un autre de faire mieux. On trouvera toujours les originaux dans l'état où les injures du temps les auront mis.

PLANCHES XLV, XLVI, XLVII.

ARBRE DE JESSÉ.

Ces trois planches représentent le même vitrail que les trois précédentes, mais sans les couleurs. Elles sont imprimées en bistre à deux teintes, ce qui permet à l'œil de mieux apprécier le dessin. On échappe ainsi à la séduction de la couleur et à l'éclat du verre coloré, qui peut quelquefois nous induire en erreur. Nous savons, en effet, que quelques auteurs et critiques sur le moyen âge font bon marché du dessin des vitraux anciens, et sont portés à croire que tout leur mérite consiste dans leurs brillants reflets colorés. Pour celui qui pourra voir de près ces vitraux, il lui sera facile de reconnaître que, sous le rapport du dessin comme sous celui de la couleur, les vitraux du xiiᵉ siècle sont d'une beauté parfaite et irréprochable.

Malheureusement, par un oubli fort regrettable de l'imprimeur lithographe, il manque ici une partie des traits; une planche de plus était nécessaire pour indiquer les plis de certaines parties des vêtements et les nervures de la tige de Jessé. L'absence de ce détail produit un fâcheux effet; on est obligé d'avoir recours à la planche en chromolithographie pour rectifier cette erreur, qui ôte à cette reproduction du vitrail une grande partie de son charme.

PLANCHES XLVIII, XLIX, L, LI, LII.

VITRAIL DE LA VIE DE JÉSUS-CHRIST.

XIIe SIÈCLE.

Voici la plus grande et la plus belle fenêtre de la cathédrale. On n'a rien épargné pour la reproduire fidèlement, et l'on doit convenir que les efforts ont été couronnés de succès. Cette fenêtre, qui occupe le milieu du mur occidental, comme on peut le voir sur la planche représentant la façade occidentale, a plus de dix mètres de hauteur et renferme, en vingt-neuf panneaux, les principaux faits de la vie de Notre-Seigneur et sa glorification. Ils sont bien reconnaissables, quoi-qu'il n'y ait pas d'inscription. Nous ne pensons pas qu'on puisse hési-ter à les nommer. En voici la liste, commençant par en bas et suivant chaque tranche horizontale. Ils ne sont pas disposés dans un ordre parfaitement conforme à la vie du Sauveur; les artistes du moyen âge, à toutes les époques, ont commis de ces erreurs et de ces négli-gences :

Annonciation.
Visitation.
Nativité de Jésus-Christ.

Les anges apparaissent aux bergers.
Le roi Hérode avec les Savants de la synagogue.
Les Mages arrivant devant Hérode.

Les Mages en route vers Bethléem; l'étoile apparaît.
La Vierge et l'Enfant Jésus recevant les Mages.
Les Mages s'en retournant, dirigés par l'étoile.

La Chandeleur.
La présentation de Jésus au vieillard Siméon.
L'ange avertissant les Mages pendant leur sommeil.

Hérode ordonnant aux soldats de massacrer les enfants.

Le massacre des innocents.

Suite du même sujet.

La fuite en Égypte (la Sainte Famille).

Le retour d'Égypte (populations allant au-devant de la Sainte Famille).

Le retour d'Égypte (la Sainte Famille).

Les idoles d'Égypte tombant à l'arrivée de Jésus en ce pays.

Le baptême de Jésus-Christ par saint Jean.

Joseph averti en songe par un ange.

Les Rameaux : groupe d'apôtres suivant Notre-Seigneur.

Les Rameaux : apôtres et Jésus-Christ sur l'ânesse.

Les Rameaux : les habitants de Jérusalem sortant de la ville et venant au-devant du Sauveur.

Enfin, au sommet de la fenêtre, plusieurs panneaux sont occupés par une grande figure de la Sainte Vierge tenant son Fils sur ses genoux, entre des anges qui les saluent et leur présentent des sceptres; le Soleil et la Lune personnifiés paraissent aussi sur les côtés.

Nous ne décrirons pas en particulier chacun de ces nombreux tableaux; on peut les étudier sur ces planches aussi exactement que sur l'original. Nous nous bornerons à quelques remarques, pour fixer l'attention sur quelques points de détails.

Dans le panneau où les Mages arrivent devant la Vierge et son Fils pour leur offrir des présents, ils tiennent chacun dans leurs mains une sorte de pièce de monnaie ou un disque sur lequel sont des caractères qui simulent des lettres arabes.

Le panneau des idoles égyptiennes tombant de leur piédestal nous montre de petites figures dont l'anatomie fort remarquable est exécutée, sinon avec une parfaite exactitude, au moins avec une singulière apparence de vérité.

La ville de Jérusalem à la fête des Rameaux, avec ses murailles et la foule de peuple paraissant par-dessus les murs et sortant des portes, pleine de mouvement et d'enthousiasme, forme un tableau très original.

Est-il nécessaire de recommander à l'admiration le groupe de la
Vierge et de son Fils ? Leur pose hiératique est pleine de grandeur et
de majesté; malheureusement, au xive siècle, une désastreuse restauration a remplacé les deux têtes anciennes et la couronne posée sur la
tête de Notre-Dame. L'Enfant Jésus tient l'évangile d'une main, et de
la droite élevée il donne sa bénédiction. La Vierge, avec une symétrie
un peu exagérée et très rare, tient en chacune de ses mains un sceptre
fleuri d'une forme tout à fait insolite.

Quant aux draperies, qui dans tous les tableaux inférieurs de cette
grande fenêtre offrent ces petits plis fins et serrés que nous avons re-
marqués sur les statues de la porte Royale, elles sont plus faciles à voir
et à étudier ici parce que les figures sont plus grandes.

Les deux anges qui accompagnent ce groupe s'inclinent avec grand
respect vers leur souverain Seigneur et vers la Reine du ciel et des
anges : *Regina cœli, Regina Angelorum;* ils leur présentent des sceptres
et tendent leurs mains vers eux. Ce ne sont pas, comme on le verra
dans les siècles suivants, des anges thuriféraires ou céroféraires; ce
sont véritablement, comme on le voit dans les églises grecques en
Orient, les deux archanges Michel et Gabriel prononçant toujours ces
paroles : « Nous vous saluons, vous qui êtes notre Reine et aussi Celui
que vous avez enfanté. »

Le Soleil est figuré sortant des nuages, par la tête radiée d'un
jeune homme qui semble admirer Notre-Seigneur et sa Mère.

La Lune, du côté opposé, nous apparaît sous la forme d'un croissant,
que tient dans les replis de son manteau un buste de femme voilée,
sortant aussi des nuages.

La bordure qui enserre et encadre ce vaste et immense tableau est
d'un travail qu'il faut admirer. Entre ses entrelacs, pleins d'originalité
et d'une admirable finesse, apparaissent des animaux fantastiques, des
dragons à tête humaine, des oiseaux imaginaires et des échantillons
variés de cette faune que les artistes du moyen âge créaient et répan-
daient autour d'eux dans toutes leurs œuvres.

Je ferai remarquer aussi que le verre et l'exécution de la peinture, matériellement parlant, sont d'une qualité bien supérieure aux vitraux des XIIIe et XIVe siècles; ayant passé plusieurs mois en présence de ces œuvres précieuses, lorsque j'en faisais la copie, j'ai pu me convaincre, surtout dans les parties hautes de ces trois fenêtres, de leur supério-rité sous tous les rapports.

La ferrure de ces trois fenêtres du XIIe siècle est placée à l'intérieur. Je ne saurais dire pourquoi; mais le fait est regrettable pour deux raisons : ce réseau de barres de fer partage en panneaux cette grande surface, qui, dans son état actuel, paraît vue au dehors nue et vide, au lieu de montrer des compartiments multiples; puis ces barres de fer placées à l'intérieur dérobent aux yeux les bords inférieurs et latéraux de tous les tableaux. C'est peut-être au XIVe siècle que l'ancienne dis-position a été altérée, car à cette époque la fenêtre que nous étudions a subi de grandes et importantes restaurations.

PLANCHES LIII, LIV, LV.

VITRAIL DE LA PASSION DE JÉSUS-CHRIST.

La troisième fenêtre à gauche, au-dessous de la grande Rose occidentale, représente quatorze scènes de la vie de Jésus Christ, ayant rapport principalement à la Passion.

Ce sont, en allant de bas en haut :

1. La transfiguration.
2. Jésus-Christ descendant du Thabor avec les trois apôtres qui avaient eu le privilège d'assister à ce prodige.
3. La cène.
4. Jésus-Christ lave les pieds des apôtres.
5. Jésus-Christ trahi par Judas et saisi par les envoyés du Grand Prêtre.
6. La flagellation.
7. La crucifixion.
8. La descente de croix.
9. Jésus-Christ mis au tombeau.
10. Les saintes femmes au tombeau.
11. Jésus-Christ apparaît à sa mère.
12. Le *Noli me tangere*.
13. Jésus-Christ avec deux disciples à la porte de l'auberge d'Emmaüs.
14. Jésus-Christ, à table, se fait reconnaître à ces deux disciples.

Peu de mots suffiront pour faire quelques remarques sur ces sujets que tout le monde connaît. Et d'abord je ferai remarquer que la plupart des panneaux de cette fenêtre accusent une influence grecque ou byzantine des plus manifestes. Le premier sujet, en bas à gauche, la transfiguration, est tout à fait semblable aux nombreuses transfigurations, ou métamorphoses, qui se voient en Orient et à celles qui nous viennent de ces contrées. On peut en voir un exemple au Louvre, dans les salles où sont les objets provenant de la collection Sauvageot. C'est un petit tableau exécuté en mosaïque à fond d'or. Cette œuvre peut remonter au xiie siècle. Le Cabinet impérial et royal des médailles à Vienne possède un petit bas-relief, vrai bijou, en jaspe sanguin; on voit, comme ici, les personnages disposés de cette manière hiératique que les Grecs ont adoptée, et de plus, comme ici, huit grands rayons partant du corps de Jésus-Christ et formant une sorte de monogramme à huit branches et semblant indiquer une croix placée sur la lettre grecque X, ainsi qu'on en trouve des exemples fort anciens à Rome, à Venise, à Ravenne, etc. La tête de Moïse ne porte pas les deux rayons mentionnés dans l'Écriture; ils sont rares en Grèce, et ne sont pas indiqués dans les Guides de la peinture sacrée.

Au panneau de la cène, il faut remarquer, ce qui est très fréquent en Orient, qu'il y a un poisson dans le plat et non un agneau pascal. N'est-ce pas pour figurer le symbolique ΙΧΘΥΣ?

A la descente de croix, le personnage qui, à l'aide de tenailles, arrache les clous des pieds du divin crucifié ne manque jamais en Grèce dans cette image et est figuré de la même manière.

Le tombeau dessiné dans l'apparition de l'ange aux saintes femmes n'est point une grotte ou un monument rond comme dans les ouvrages du ixe siècle ou antérieurs : c'est, comme en Occident, un sarcophage seul et vu indépendamment du monument dans lequel il était renfermé.

Les derniers sujets, et surtout le *Noli me tangere*, sont tout à fait de style byzantin, ainsi que bien des détails de cette verrière.

Est-il encore nécessaire d'attirer l'attention sur la richesse et le goût si pur et si fin des ornements dont l'artiste a fait preuve dans la bordure et dans les interstices qui séparent les cercles renfermant chaque sujet? On doit faire une mention particulière et spéciale sur l'exécution de cette fenêtre, aussi bien que sur sa reproduction.

PLANCHES LVI, LVII, LVIII.

VITRAIL DE NOTRE-DAME DE LA BELLE VERRIÈRE.

XIIIᵉ SIÈCLE.

Cette fenêtre présente à nos yeux, dans sa partie supérieure, la glorification de la Sainte Vierge. La Reine du ciel et des anges se montre tenant son Fils sur ses genoux; elle est assise sur un trône que les anges soutiennent dans les airs, et entourée d'autres anges dont les uns la saluent à la manière grecque; les autres l'encensent et d'autres lui présentent, en signe d'honneur, des flambeaux avec des cierges. L'Esprit Saint, sous la forme d'une colombe, descend sur ces personnages et semble les sanctifier par des rayons sortant de son bec : *Spiritus Sanctus superveniet in te, et virtus altissimi obumbrabit tibi* (Luc, ɪ, 35). *Spiritus Domini super me* (Luc, ɪᴠ, 18). Un dais d'une grande richesse et non symétrique forme une sorte de pavillon d'honneur et repose sur deux légères colonnettes. La Vierge et son Fils sont groupés suivant le très ancien usage dont nous avons déjà parlé; ils sont vus parfaitement de face; cette manière hiératique fut abandonnée pendant le xɪɪɪᵉ siècle. La Vierge présente son Fils aux fidèles en le soutenant par les deux épaules. L'Enfant, d'une taille svelte et élancée, bénit de la main droite et, de la gauche, il tient appuyé sur son genou l'évangile ouvert; les lettres sur les pages de ce livre n'ont aucun sens.

Il sera utile, pour l'étude iconographique, de comparer cette figure de Notre-Dame avec celles qui se voient en d'autres endroits de la cathédrale, savoir :

1º A la porte, à droite du grand portail, au sommet du tympan;

2º A la scène de l'adoration des Mages, au grand portail aussi, parmi les bas-reliefs des chapiteaux;

3º Au sommet de la fenêtre médiane de la façade occidentale;

4º Au vitrail du chœur au milieu et au fond du sanctuaire;

5º Et enfin, à l'un des vitraux du chœur, du côté nord.

Toutes ces images reproduisent le plus ancien type de Jésus-Christ
nfant, assis tout à fait de face sur les genoux de sa Mère, à laquelle
nt été donnés les titres de Trône de Dieu, Siège de la sagesse, etc., etc.

Il faut savoir que dans notre vitrail la figure de la Vierge n'est pas
ncienne; la plaque de verre sur laquelle étaient peints ses traits
énérés s'est trouvée altérée par le temps; probablement une cuisson
nsuffisante n'avait pas fixé sur la surface de ce verre le dessin du verrier,
t le dessin que nous voyons reproduit un simple trait peint à l'huile.

Les couleurs de ce tableau sont d'une harmonie des plus agréables
t des plus brillantes. Il est à regretter que la chromolithographie.
'ait point été employée pour en donner une reproduction complète.

Cette belle Vierge, avec son entourage angélique, eût suffi pour la
écoration d'une fenêtre moins haute. Ici, il était nécessaire de rem-
lir la partie inférieure et d'y joindre d'autres scènes.

Le peintre a placé dans l'espace inférieur : 1° l'histoire des noces de
ana, qui occupe six compartiments; 2° trois scènes de la tentation de
ésus-Christ dans le désert après son jeûne de quarante jours. Un théo-
ogien pourra seul nous faire comprendre pourquoi ces sujets sont ici re-
résentés. L'abbé Bulteau nous fait remarquer d'abord qu'auprès d'une
eprésentation de la Sainte Vierge on a eu raison de placer l'histoire
u miracle de Cana. C'est, en effet, à la prière de sa Mère que Jésus
hangea l'eau en vin; secondement, c'est à l'intercession de cette puis-
ante Mère de Dieu qu'il nous faut avoir recours pour triompher des
entations du démon.

La troisième planche faisant partie de ce vitrail nous donne des
étails en couleurs de plusieurs de ses parties. Un sujet entier de l'his-
oire des noces de Cana: c'est celui où l'on voit Jésus-Christ se dirigeant
vec quelques apôtres vers la salle du festin. Puis des têtes de grandeur
'exécution, qu'il est facile de retrouver sur les deux planches précé-
lentes; et enfin, des ornements du petit tapis placé sous les pieds de
a Sainte Vierge (ornements omis sur la planche LVI) et un détail de la
roderie de son vêtement.

19

PLANCHE LIX.

Cette fenêtre, qui fait ici pendant à la planche LX, est formée par la baie centrale au-dessous de la grande Rose septentrionale. Elle nous montre, dans la peinture qui la décore, sainte Anne portant la Sainte Vierge, sa fille. C'est véritablement une image de stature colossale, et dans toute la cathédrale il n'y a pas dans les vitraux une seule figure d'une aussi grande dimension. La tête seule, depuis le sommet du crâne jusqu'au menton, a 60 centimètres. Peut-être a-t-on voulu indiquer par une taille aussi élevée l'importance sacrée de cette seconde patronne de la cathédrale, qui possède des reliques importantes de cette sainte.

Elle est représentée debout; la Vierge, encore jeune enfant, est sur son bras gauche, et sa main droite tient un sceptre qui s'épanouit à son sommet en trois roses blanches. La Sainte Vierge tient entr'ouvert dans ses mains le livre de la Loi, qu'elle médita dès sa plus tendre jeunesse. C'est probablement de cet usage, dans les temps anciens, de mettre un livre entre les mains de la Vierge enfant, qu'est venue l'habitude moderne de toujours représenter sainte Anne montrant à lire à la Sainte Vierge.

Comme dans l'image placée en face, où l'on voit la Sainte Vierge soutenir sur son bras, enveloppé de draperie, le divin Enfant Jésus, ici sainte Anne soutient aussi sa petite Fille avec une main cachée sous son manteau. Dans les deux tableaux, les vêtements sont fort semblables. La Sainte Vierge dans l'un, sainte Anne dans l'autre, ont chacune une robe fort longue recouvrant les pieds, puis une autre robe assez courte garnie d'un large galon orné de pierreries, et enfin, par-dessus ces deux robes, un ample manteau qui recouvre la tête comme un voile et descend ensuite aussi bas que l'extrémité inférieure de la

be de dessus. Au-dessus de sa tête, un motif d'architecture forme le
is honorifique qui accompagne toujours les représentations des
ints au moyen âge. Deux consoles supportent ce dais ; la place était
op restreinte pour y placer des colonnes latérales. Sous les pieds de
sainte, nous avons mis l'inscription : SANCTA ANNA. L'in-
ription ancienne avait été remplacée au xivᵉ siècle par une autre qui
t aujourd'hui fort mutilée et qui semble contenir ces mots : *Ave mater*
ana.

Au bas de la fenêtre est placé un écu de France de grandes dimen-
ons : d'azur semé de fleurs de lis d'or sans nombre ; il repose sur un
rain verdoyant, garni de plantes et recouvert par une petite arcade.
e blason se trouve ici probablement à cause du roi saint Louis, que
n sait avoir largement contribué à la construction et à la décoration
transept septentrional de notre cathédrale.

Je pense qu'il est superflu de recommander à l'attention les bor-
res de ces deux fenêtres ; leurs motifs sont simples et fermes comme
s ornements de la belle époque du xiiiᵉ siècle.

PLANCHE LX.

VITRAIL DE LA VIERGE PORTANT L'ENFANT JÉSUS[1].

Cette grande figure de Notre-Dame debout, portant l'Enfant Jésus sur son bras gauche et tenant de la main droite un sceptre terminé par des feuillages, occupe la fenêtre médiane qui est sous la Rose du midi. Enveloppée d'amples vêtements et portant sur sa tête une couronne royale, cette image est placée sous un dais supporté par des colonnes engagées. Elle présente aux hommages des fidèles son Fils encore enfant, mais dont la puissance se manifeste déjà par la bénédiction qu'il nous envoie de la main droite, la main gauche étant appuyée sur ses genoux. C'est le type ordinaire employé au xiiie siècle pour représenter la Vierge et son Fils; il se trouve maintes fois dans la cathédrale, en peinture sur verre et en sculpture. Il faut remarquer qu'à cette époque ce n'est plus cette reine majestueuse assise sur un trône et les pieds sur un marchepied honorifique; les personnages deviennent moins imposants et les têtes se ressentent de cette décadence. Sous les pieds de la Vierge on voit un écu où sont les armoiries des seigneurs décrits aux planches XXXVIII et suivantes. Le champ de l'écu est échiqueté d'or et d'azur (Dreux), au franc quartier d'hermine (Bretagne), le tout entouré d'un ourlet de gueules. Par suite d'une erreur de lithographie, ce quartier, qui se voit ici à droite, est en réalité à gauche dans le vitrail. On remarquera la forme des queues d'hermine, qui depuis ont singulièrement changé. Cet écu est censé attaché avec une courroie à l'arcade qui le surmonte; deux vases exhalent, en l'honneur de Dieu et de sa Mère, des vapeurs de parfum, genre d'ornement fort rare au xiiie siècle.

[1] Il y a une erreur dans la table in-folio. Cette planche y porte à tort le titre de *Vitrail de la Vierge et de sainte Anne.*

PLANCHE LXI.

VITRAIL DE L'ENFANT PRODIGUE.

XIIIe SIÈCLE.

Parmi les vitraux de la cathédrale de Chartres, il y en a plusieurs qui offrent un intérêt particulier, parce que les sujets qu'ils représentent sont assez rares dans l'iconographie chrétienne; ils ne se rapportent ni à l'Ancien ni au Nouveau Testament, ni à la vie des saints, comme les autres peintures qui se voient sur les murs des églises, mais ils nous offrent sous une forme allégorique des enseignements moraux : telles sont, par exemple, les paraboles du bon Samaritain et de l'Enfant prodigue. On trouve ici la preuve que l'enseignement des vérités chrétiennes formait un corps de doctrine universellement répandu qui n'était pas sujet au caprice individuel, car ces mêmes sujets se retrouvent aussi dans d'autres églises, peints sur verre ou sur mur, et les idées qu'ils expriment se trouvent consignées dans les auteurs ecclésiastiques. Les savants auteurs de la description des vitraux de Bourges, les RR. PP. Cahier et Martin, nous ont fait connaître, à l'aide de textes et de citations, combien ces idées étaient répandues au moyen âge et combien elles étaient familières.

Dans chacun des petits tableaux qui composent l'ensemble du vitrail il faut voir non seulement le fait réel qu'il représente, mais encore une idée dont le sens est enveloppé sous cette apparence, et que le commentaire vient nous expliquer et graver dans notre pensée.

Cette parabole de l'Enfant prodigue (Luc, xv), qui se déploie dans la fenêtre que nous avons sous les yeux, a donc un double sens. Elle nous montre, d'un côté, les différents événements racontés dans le texte évangélique et, de l'autre, elle symbolise le sens caché de chacun de ces événements.

Elle représente les félicités de l'homme en son innocence, les malheurs et misères qui l'ont suivi après son péché, et les grâces et faveurs qu'il reçoit en sa justification; en d'autres termes, nous pouvons observer dans ce tableau les divers états dans lesquels les théologiens divisent la nature humaine. Le premier est celui de la justice originelle, appelé *Status naturæ integræ;* le second est celui du péché, qui se nomme *Status naturæ lapsæ,* et le troisième celui de la grâce, qui porte pour titre *Status naturæ reparatæ* ou *restauratæ.* Ces trois états sont vivement et distinctement représentés en la peinture de l'Enfant prodigue. Car qu'est-ce autre chose que cet enfant demeurant paisible en la maison paternelle, sinon l'homme en l'état d'innocence? Qu'est-ce de voir ce prodigue manger misérablement avec les porcs, si ce n'est l'état de la nature viciée et corrompue par le péché? Et qu'est-ce que cet enfant embrassé et chéri de son père à son retour à la maison, sinon l'état de la nature réparée par la grâce?

Homo quidam habuit duos filios, nous dit le texte évangélique en commençant cette histoire. Que signifient ces deux enfants? Suivant saint Jérôme, c'est le peuple judaïque et le peuple gentil. Suivant saint Athanase, par le premier enfant il faut entendre les justes, et par le prodigue les pécheurs, car les justes peuvent bien dire à Dieu, comme le fils aîné : *Numquam mandatum tuum præterii.*

L'homme, ayant donc reçu de Dieu toutes les perfections du monde, s'en va dans une région éloignée, en un pays étranger, et dissipe toutes ses richesses dans le désordre et la débauche. Il nous représente l'état infortuné et déplorable du pécheur, qui ne se contente pas de sortir de la maison de Dieu par son vice, mais gagne les champs et s'éloigne de lui par ses erreurs et par ses affections dépravées, par lesquelles il adhère aux créatures.

Facta est fames valida in regione illa. Ce sont les suites du péché originel qui nous privent des grâces et des bénédictions dont nous devrions être comblés, qui sont la véritable nourriture de notre âme et peuvent l'entretenir en l'amour de Dieu.

Abiit et adhæsit uni civium regionis illius. Ce malheureux prodigue, ce pauvre pécheur, va trouver un habitant de ce pays lointain et se met à son service. Or cet homme dont il devient le valet et l'esclave, c'est le démon, auquel il va se confier. Non seulement il a quitté le royaume de Dieu, son père, et la compagnie des anges, mais il se livre tout entier à Satan et se rend le compagnon des diables. Son sort devient de plus en plus malheureux et pitoyable. Il manque de tout et porte envie aux animaux immondes qu'on lui a donné à garder.

La miséricorde et la bonté de Dieu lui sont rappelées à la mémoire par l'inspiration du Saint Esprit; il s'écrie :

Surgam et ibo ad patrem meum, et dicam ei : « *Pater, peccavi in cœlum et coram te.* » Un saint désir de faire pénitence s'empare de son cœur; il veut abandonner les folies mondaines dans lesquelles il était plongé; il va se jeter dans le sein de la miséricorde de Dieu et lui demander pardon en reconnaissant qu'il était justement irrité contre lui. Voici notre prodigue entrant dans la voie de la pénitence. Il reconnaît les justes jugements de Dieu, qui l'affligeaient temporellement pour lui ouvrir les yeux et lui faire reconnaître son désastre. Il conçoit dans son âme une espérance certaine que Dieu, qui est le père de la miséricorde, ne lui refusera pas son pardon et sa grâce. Il se décide à retourner vers lui en lui confessant ses fautes. Il ne faut pas avoir honte de sortir de son vice, mais de l'avoir commis. Et ici, les commentaires nous développent l'importance et la nécessité de la confession, de la contrition et de la satisfaction.

Et, cum adhuc longe esset, vidit illum pater illius, et misericordia motus est, et accurrens cecidit super collum ejus et osculatus est eum. Tels sont les sentiments de compassion et de pitié que Dieu ressent pour l'homme coupable et telle est l'affection qu'il ressent pour sa malheureuse créature déchue que la seconde personne de la Sainte Trinité descend sur la terre et se fait homme. Le mystère de l'incarnation est le résultat de cette immense affection de Dieu pour le genre humain coupable : *Sic Deus dilexit mundum ut filium unigenitum daret.*

Cito proferte stolam primam et induite illum. La grâce lui rend son innocence et ses vêtements sans tache.

Adducite vitulum saginatum, et occidite, et manducemus et epulemur. Ce banquet nous représente la parfaite liberté et l'affranchissement du servage et de l'esclavage auxquels notre prodigue s'était asservi par sa débauche. Cette renaissance surpasse la première, car la naissance d'Adam lui avait donné seulement l'être; la seconde le fait enfant de Dieu; il retrouve la grâce spirituelle et devient digne de participer au festin céleste : *Beati qui ad cœnam nuptiarum agni vocati sunt. Beatus qui manducabit panem in æternum, Justi epulentur, et exultent in conspectu Dei et delectentur in lætitia.*

Tel est le sens caché que recèlent les diverses petites compositions si artistement disposées dans ce vitrail, et que représentent successivement les scènes suivantes dans la suite des panneaux de cette fenêtre :

Le jeune homme demande à son père sa légitime.

Le père la lui donne; c'est un vase précieux et de l'argent qu'il tire d'un coffre.

Deux scènes le représentent à cheval et partant en voyage.

Des courtisanes l'invitent à entrer dans leur maison.

Il est à table avec elles.

Des serviteurs et des servantes préparent les mets et les apportent.

Les deux courtisanes couronnent de fleurs le jeune prodigue et l'embrassent.

Le prodigue perd son argent en jouant aux échecs.

Il est presque nu sur un lit d'où l'on veut le chasser.

Une courtisane le met à la porte à peine vêtu.

Une autre le chasse à coups de bâton.

Il va trouver un homme riche pour entrer à son service.

Il abat des glands pour les pourceaux qu'on lui a donné à garder.

Il est assis auprès de ces animaux et médite sur son triste sort.

Il se met en route pour revenir à la maison paternelle.

Il demande pardon à son père.

On lui apporte une robe neuve.

On tue le veau gras.

On fait rôtir le veau et l'on apprête le festin.

Le fils aîné faisant des reproches à son père.

Le père à table avec ses enfants.

Des serviteurs apportent les mets, et des musiciens jouent des instruments et chantent.

Au sommet du vitrail, Dieu, assis sur un trône, bénit de la main droite la boule du monde qu'il tient dans la main gauche; de chaque côté, il est salué et adoré par un ange.

Au bas de la fenêtre, nous voyons des marchands de bœufs qui se sont fait représenter comme donateurs du vitrail.

PLANCHE LXII.

VITRAIL DE SAINT JACQUES.

XIIIᵉ SIÈCLE.

Saint Jacques le majeur, fils de Zébédée, fut un des apôtres de Jésus-Christ. Après l'Ascension, il prêcha l'évangile en Judée, puis partit pour l'Espagne, afin d'y porter la bonne nouvelle. Cette mission ne fut pas heureuse, et l'on prétend qu'il ne fit en ce pays qu'une seule conversion. Il s'était attaché neuf disciples et, en laissant deux en Espagne, il revint en Judée avec les sept autres, et continua à répandre chez les Juifs la doctrine évangélique, malgré les persécutions qu'ils lui faisaient subir. Après une vie laborieuse et pénible, il fut décapité à Jérusalem par ordre d'Hérode Agrippa. Ses disciples lui érigèrent plus tard une très belle église dans le lieu où il subit son supplice, mais la crainte des Juifs empêcha de donner la sépulture à son corps. On le mit dans un navire que l'on abandonna sur les flots aux soins de la Providence. Le vaisseau, guidé par un ange, vint aborder en Galice, où, après plusieurs événements miraculeux, le corps du bienheureux apôtre trouva enfin un lieu de repos. Les prodiges qui se firent sur son tombeau attirèrent la foule des fidèles en cet endroit, qui devint le siège du célèbre pèlerinage de Compostelle. Le récit des miracles de saint Jacques remplit des livres entiers et leur renommée se répandit par toute la terre.

Les sujets qui sont représentés dans ce vitrail se rapportent pour la plupart aux aventures d'un magicien juif, nommé Hermogène ou Almoginès, qui persécuta le Saint, et qui finit par être converti par lui au christianisme et être martyrisé avec lui, suivant la légende.

Nous allons énumérer ces divers sujets, faisant observer d'abord qu'ils ne se suivent pas régulièrement, ainsi qu'il arrive quelquefois dans les monuments du moyen âge, les artistes se permettant souvent des licences dans la disposition des panneaux.

Dans les deux angles inférieurs on voit deux tableaux représentant les donateurs de la fenêtre : ce sont des pelletiers et des marchands d'étoffes pour habillements. Ces scènes, d'une vérité et d'une naïveté remarquables, nous fournissent de précieux renseignements sur les costumes civils au xiiie siècle. Dans celle de gauche, un jeune bourgeois est revêtu du costume habituel à cette époque, une robe de dessous, un pardessus à manches qu'on laissait pendre et garni d'un capuchon; il porte des gants. Le marchand lui montre une pièce de fourrure, tandis que le commis du magasin ouvre un grand bahut pour chercher des étoffes.

A droite, un acheteur vient choisir des étoffes, et pendant que le maître du magasin en fait valoir la qualité, son serviteur applique une mesure (une aune?) sur la pièce qu'il déploie. On remarquera que la robe de ce commis est mi-partie de rouge et de vert, ce que ne peut représenter une gravure; derrière lui sont des piles d'étoffes en pièces placées sur une table.

Les sujets qui sont disposés sur le reste de la fenêtre sont la représentation des faits relatifs à la vie de saint Jacques.

Au bas du vitrail, on voit le saint apôtre entre les mains duquel le Christ remet un objet qu'on ne peut déterminer; un ange est derrière le Christ.

Almoginès, sur l'épaule duquel est un démon, ordonne à son disciple Filetus d'aller convertir saint Jacques.

Saint Jacques assis discute avec un groupe d'auditeurs.

Filetus présente à saint Jacques le livre de la fausse doctrine.

Filetus, en présence de son maître Almoginès, que conseille le démon.

Saint Jacques, emmené la corde au cou, guérit un paralytique sur son chemin.

Saint Jacques envoie à Filetus son manteau pour le délivrer des liens dont les démons l'ont lié.

On revêt Filetus du manteau de saint Jacques; le démon est mis en fuite.

20.

Almoginès, par la force de ses enchantements, envoie deux démons se saisir de saint Jacques.

Les démons arrivent devant saint Jacques, qui leur ordonne à son tour de s'emparer du magicien.

Les démons emmènent Almoginès.

Ils l'amènent devant saint Jacques.

Saint Jacques discute avec Almoginès.

Almoginès brûle ses livres de magie.

Il se prosterne devant saint Jacques.

Saint Jacques est conduit avec Almoginès devant Hérode.

Almoginès, en présence de saint Jacques, brise une idole.

Saint Jacques est mis en prison.

Almoginès parle à un groupe de Juifs.

Almoginès visite saint Jacques dans sa prison.

Filetus subit le joug des démons par l'incantation d'Almoginès (sujet qui devrait se trouver dans une autre place).

Almoginès maltraité par les Juifs, après sa conversion.

Saint Jacques ordonne à Almoginès de jeter ses livres de magie dans la mer.

Saint Jacques et Almoginès sont emmenés, la corde au cou, vers le lieu du supplice; en chemin, saint Jacques guérit des boiteux et des infirmes.

Autre sujet semblable : Saint Jacques et Almoginès, attachés avec des cordes, sont menés au supplice.

Saint Jacques décapité par un bourreau.

Almoginès a la tête tranchée en présence de l'empereur.

Au sommet de la fenêtre, Dieu, assis sur les nuages entre des flambeaux, tient le globe du monde d'une main et, de l'autre, le bénit.

PLANCHE LXIII.

VITRAIL DE SAINT JACQUES.

Cette gravure reproduit à une échelle beaucoup plus grande huit des panneaux que nous venons de voir rangés à leur place dans cette verrière : ce sont ceux qui forment le bas de la fenêtre.

Les plus inférieurs représentent, comme nous l'avons dit plus haut, les marchands d'étoffes et de fourrures au milieu de leurs marchandises, pelleteries, etc., et les faisant voir à des acheteurs.

Au-dessus sont quatre panneaux où nous voyons :

1° Jésus-Christ, debout et accompagné d'un ange, remet entre les mains de saint Jacques une sorte de masse ou de foulon ;

2° Le magicien Almoginès (le démon sur les épaules) envoie son disciple Filetus vers saint Jacques : on lit leurs noms ;

3° Saint Jacques faisant une allocution à plusieurs personnages assis devant lui : il leur présente un vase (qui semble une restauration) ;

4° Filetus présente à saint Jacques un livre de magie.

En haut de la planche il y a deux autres panneaux. Dans l'un, on voit Filetus revenant vers Almoginès lui rendre compte de sa commission. Dans l'autre, saint Jacques est emmené, la corde au cou, par Almoginès : il rencontre un boiteux qui se jette à ses genoux et qu'il semble guérir.

PLANCHES LXIV, LXV, LXVI.

Nous trouvons représentés sur les panneaux qui composent cette fenêtre les traits principaux de la vie merveilleuse de saint Eustache, et nous allons les suivre et les décrire dans l'ordre où ils se trouvent.

Eustache se nommait d'abord *Placidas* et commandait les gardes de l'empereur Trajan, mais il était païen et adorait les idoles; cependant, comme il était fort miséricordieux, Dieu voulut l'appeler à lui et lui faire connaître la véritable religion. Un jour il était à la chasse et poursuivait une troupe de cerfs, comme cela est représenté dans le grand panneau au bas de la fenêtre : on le voit avec son arc et ses flèches, monté sur un cheval et accompagné d'un écuyer qui sonne du cor; auprès sont les chiens et les cerfs; les quatre petits panneaux qui sont autour contiennent des piqueurs tenant en laisse plusieurs couples de chiens. Cependant un des cerfs entraîna Placidas dans un endroit écarté et, étant monté sur un rocher, il se retourna vers le chasseur, qui aperçut entre ses bois l'image du crucifix; frappé d'étonnement à l'aspect de cette vision, il se précipite à bas de son cheval et s'agenouille devant la sainte image de Jésus. Le Christ alors lui parla, lui ordonna de se faire baptiser et lui annonça qu'il aurait beaucoup à souffrir pour conserver la foi, mais qu'il ne devait pas perdre courage, parce qu'il obtiendrait par ce moyen la faveur d'une vie éternellement heureuse; nous voyons cette scène représentée dans le panneau plus haut et à gauche. Plus loin, nous assistons au baptême de notre chasseur, qui prend alors le nom d'*Eustacius*, comme cela est écrit au bas de ce tableau. L'évêque est accompagné de ses acolytes et bénit le saint, qui est plongé dans la cuve baptismale et sur lequel descend sous forme de rayons la grâce céleste.

Dans le panneau en forme de losange qui est au-dessus, Eustache (on lit *Eustacius*) quitte sa ville natale, accompagné de sa femme Théopista et de ses deux fils Agapitus et Théopistus, après avoir perdu tous ses biens.

Les quatre petits panneaux circulaires renferment les images des marchands d'étoffes et de fourrures, donateurs de ce vitrail.

Plus haut, sur le panneau à gauche, le saint, portant des hardes sur un bâton de voyage et suivi de sa femme et de ses enfants, se présente devant le patron d'un navire pour faire marché avec lui : on lit *Eustacius*. Dans le tableau suivant, ils s'embarquent tous les quatre et montent sur le navire : on lit *Eustacius*.

Dans le compartiment placé au-dessus, les deux enfants sont déjà à terre, et le patron du navire en expulse le pauvre Eustache en lui assénant des coups de poing, tandis qu'il retient sa femme qu'il convoite et dont il veut s'emparer.

Les quatre petits sujets qu'on voit autour ne sont pas assez précis pour que l'on puisse dire ce qu'ils représentent; sur l'un, un roi donne des ordres à deux serviteurs.

Le saint, ayant ensuite rencontré un fleuve qu'il lui fallut traverser, laisse un de ses enfants sur la rive et se mit à transporter l'autre de ses fils; lorsqu'il l'eut déposé sur le bord opposé, il revint chercher le second, et lorsqu'il fut arrivé au milieu du fleuve, un lion accourut tout à coup, saisit dans sa gueule l'enfant qu'il venait de quitter et l'emporta. Eustache, désespéré, se hâta de se diriger vers son autre enfant, mais un loup survint et emporta de son côté le pauvre petit. Le malheureux père au désespoir étend les bras vers le ciel et implore le secours de Dieu. Des pasteurs, voyant le lion emporter un enfant vivant, le poursuivirent avec de grandes clameurs, et Dieu permit que le lion abandonnât l'enfant sans lui avoir fait de mal. De leur côté, des laboureurs poursuivirent le loup avec leurs chiens et lui arrachèrent aussi l'autre enfant sain et sauf.

Dans le tableau qui est au-dessus de ces scènes extraordinaires, la femme d'Eustache, à genoux devant son mari, lui raconte comment elle

a échappé à la méchanceté et aux mauvais desseins du maître du navire, et les deux fils miraculeusement sauvés se présentent aussi devant
leur père; des spectateurs émerveillés assistent à cette scène.

Puis, deux petits panneaux représentent Théopista allant retrouver
son mari, et cette famille réunie se réjouit de ce bonheur, qu'elle
célèbre dans un festin.

Cependant l'empereur avait fait rechercher son ancien capitaine à
cause des services qu'il lui avait rendus autrefois et qu'une nouvelle
guerre lui rendait nécessaires. On l'avait retrouvé à grand'peine, et
grâce à Eustache l'empereur remporta la victoire. L'empereur voulut
la célébrer en offrant aux idoles des sacrifices de louanges; il ordonna
à Eustache de l'accompagner au temple. Le saint, n'ayant pas voulu
sacrifier aux faux dieux, fut condamné à périr avec toute sa famille.
Ils furent enfermés dans un taureau d'airain qui fut exposé sur le feu,
où ils restèrent pendant trois jours. C'est ainsi qu'ils méritèrent la couronne du martyre, que la main divine, sortant du ciel au sommet du
vitrail, dépose sur la tête d'Eustache.

PLANCHE LXVII.

VITRAIL DE SAINT GEORGES.
XIIIe SIÈCLE.

Ce vitrail se trouve dans une des hautes fenêtres de la nef, du côté du nord.

Le saint est debout et revêtu d'un costume fort riche de guerrier; une cuirasse d'écailles très ornementées enveloppe tout le haut de son corps, la poitrine et les bras; au-dessous, une sorte de jupe ou de fustanelle recouvre les cuisses; les avant-bras et les jambes sont plus à la légère. Il tient dans sa main droite un glaive, avec le ceinturon; la gauche, appuyée sur un bouclier qui repose à terre, tient en même temps une lance au sommet de laquelle est attachée une flamme; la tête est nue. Dans les tableaux grecs, dont ce vitrail semble une copie légèrement altérée, le casque est suspendu au côté du personnage. Par derrière on lit le nom du saint, et le haut de la fenêtre est garni d'un motif d'architecture riche et compliqué, formant le dais qui surmonte ordinairement les images des saints au moyen âge.

Au bas de la fenêtre, on voit le saint que deux hommes sont en train de lier sur une roue pour le supplicier; les jantes de cette roue sont formées par des glaives, dont quelques-uns semblent pénétrer dans le corps du saint.

PLANCHE LXVIII.

VITRAIL DE CHARLEMAGNE.

XIIIᵉ SIÈCLE.

Voici l'un des vitraux les plus intéressants de la cathédrale. Il représente une partie de la légende, bien connue au moyen âge, de Charlemagne et de son neveu Roland. La renommée du grand empereur remplissait le monde. Ses hauts faits pendant la guerre, ses institutions civiles et ses occupations littéraires pendant la paix avaient une célébrité qui l'entourait d'une auréole de merveilleux et même de sainteté. Les poëtes le célébraient ainsi que les héros de sa cour. Le temps, au lieu d'affaiblir après la mort ces souvenirs, allait en les augmentant et en les embellissant. Les arts, les sciences et les lettres avaient été cultivés avec grande faveur à la cour de Charlemagne et leur bienfaisante influence s'était continuée après lui avec grand succès pendant plusieurs siècles; mais à l'époque de la Renaissance cette ancienne gloire de la France, qui avait rempli le monde, cesse de briller et finit par tomber dans le discrédit, et plus tard dans le mépris et l'oubli. Ce n'est que depuis peu d'années que les érudits ont fait sortir de la poussière des bibliothèques notre ancienne littérature et ses merveilles, tandis que les antiquaires et les archéologues nous dévoilaient, comme un nouveau monde, les mérites et les beautés de notre art national.

Bien des poëmes ont été écrits sur Charlemagne et ses pairs. L'un des plus célèbres est celui qui porte pour titre : *La Chanson de Roland*. Ce n'est cependant pas elle qui a servi au peintre de modèle pour les représentations que nous voyons ici ; c'est dans Vincent de Beauvais et dans la chronique de Turpin qu'il a été chercher ses inspirations.

Le vitrail a été donné par les pelletiers fourreurs ; au bas de la fenêtre l'on voit un de ces marchands qui exhibe à un bourgeois de Chartres une grande robe doublée de vair.

Dans le panneau au-dessus, à droite, Constantin, Empereur d'Orient, est couché et dort; un ange l'avertit en songe d'avoir recours, pour combattre les Sarrasins de Palestine, à Charlemagne, et en même temps l'on aperçoit celui-ci à cheval, revêtu de son costume de combat, le casque en tête, le grand bouclier sur le côté, et portant la cotte de mailles.

Charlemagne assis entre deux évêques s'entretient avec eux. Il est nimbé, car on lui donne le titre de saint à cette époque.

Charlemagne reçu aux portes de Constantinople par l'Empereur d'Orient.

Combat des Français et des Sarrasins. Il faut remarquer la forme un peu déprimée du casque des Français, leurs boucliers longs se terminant en pointe à la partie inférieure et leurs cottes de mailles, tandis que les infidèles ont un casque conique, un bouclier rond et des cottes formées par des lamelles. Le combat est terrible. Le roi franc, reconnaissable à la couronne qui accompagne son casque, tranche la tête du roi son adversaire, tandis qu'un Sarrasin va assener un coup de hache d'armes sur Charlemagne, que protègent ses compagnons. Le mouvement rapide des chevaux est bien exprimé; ils sont au grand galop.

Dans le cours de ce vitrail, on rencontre plusieurs panneaux où les guerriers se montrent dans un costume fort intéressant à étudier. Les sujets militaires sont rarement représentés d'une manière aussi précise et aussi détaillée que dans cette légende de Charlemagne. Il y a ici des observations très utiles à faire sur le costume des guerriers francs et sarrasins et sur la manière dont les chevaux sont équipés.

Charlemagne pour prix de ses services reçoit des reliques précieuses, renfermées dans trois châsses que lui offre l'Empereur d'Orient : c'est un morceau de la vraie croix, un suaire du Sauveur et une tunique de la Sainte Vierge.

Charlemagne offre ces trois châsses et la couronne du roi sarrasin à l'abbaye de Saint-Denis et les fait porter à l'église de ce monastère.

Charlemagne assis à côté de deux personnages. Ils regardent dans le ciel la voie lactée, nommée au moyen âge le chemin de saint Jacques.

Toutes les nuits Charles revoyait ce chemin d'étoiles, qui, commençant à la mer de Frise et se dirigeant entre la Germanie et l'Italie, passait à travers la Gascogne, le pays des Basques, la Navarre et l'Espagne, jusqu'en Galice, où reposait le corps du bienheureux saint Jacques. Comme notre héros était préoccupé de cette vision, saint Jacques lui apparut en songe, lui annonçant que ce chemin d'étoiles signifie qu'il doit aller en Galice, avec de grandes armées, combattre la race perfide des Sarrasins et délivrer son tombeau.

Charles part avec l'archevêque de Reims Turpin et avec plusieurs autres cavaliers.

En présence de son armée, Charlemagne, descendu de cheval et à genoux, implore la protection de Dieu.

Prise de Pampelune. Le roi franc poursuit à cheval le chef ennemi, qui s'enfuit au galop; au moment où il passe la porte de la ville, le Sarrasin reçoit dans l'aisselle un coup de lance; un héraut sur les remparts sonne de la trompe.

Charlemagne fait construire une église en l'honneur de saint Jacques. Il est à cheval et montre le ciel aux ouvriers. A cette époque, les trois églises les plus vénérées dans le monde étaient l'église de Saint-Pierre à Rome, de Saint-Jean-l'Évangéliste à Éphèse et de Saint-Jacques à Compostelle. Nous ferons remarquer que le petit nuage qui est dans le ciel à ce panneau est un vestige de l'ancien usage des peintres liturgiques de représenter dans le ciel la main divine figurant la formule *Digitus Dei est hic*. Le dessinateur employait ce moyen pour montrer la puissance de Dieu, qui présidait à tout ce qui arrivait sur la terre. Au xiii° siècle l'on commença à abandonner cet usage, mais on met encore un petit nuage dans le ciel.

Retourné une seconde fois en Espagne, Charles se prépare à combattre Aigoland. La veille de la bataille, les guerriers fichèrent leurs lances en terre auprès d'eux et se couchent dans leurs grands boucliers. Le lendemain, ils trouvèrent leurs lances couvertes d'écorce et de feuillages, ce qui présageait qu'ils devaient recevoir dans la bataille la palme du martyre pour la foi de Jésus-Christ. Comblés de joie

par un si grand miracle, ils arrachèrent leurs lances de terre, s'élan-
cèrent au combat et périrent ensemble au nombre de quatre mille,
après avoir tué un grand nombre de Sarrasins.

La bataille est représentée un peu plus loin; on y voit le roi sarrasin
renversé de cheval et traversé par la lance de Charlemagne.

Le médaillon suivant nous montre par anticipation l'archevêque
Turpin célébrant la messe en présence du roi et recevant d'un ange
qui lui apparaît la nouvelle de la mort de Roland.

Roland est vainqueur du géant Ferragus et lui passe son épée au
travers du corps.

Charlemagne et sa suite traversent les Pyrénées.

Roland veut briser son épée Durandal et fend le rocher sur lequel il
frappe; Roland sonne du cor pour rappeler Charlemagne à Roncevaux.

Roland, sur le point de mourir, est secouru par Thierry, qui lui
apporte à boire dans un casque. Tous ces faits et détails se retrouvent
en partie dans la Chanson de Roland.

Thierry annonce la mort de Roland.

Au sommet du vitrail, on a placé, entre deux anges encenseurs, le
combat de Roland et de Ferragus, que la disposition du travail n'a pas
permis de mettre plus bas. Ces inversions sont fréquentes dans les
œuvres d'art à cette époque. Ainsi se termine ce vitrail, dont l'exécution
superbe répond à l'importance du sujet.

PLANCHE LXIX.

VITRAIL DU TRANSEPT MÉRIDIONAL.

Cette grisaille est précieuse parce qu'elle donne un échantillon de l'état de la peinture sur verre au moyen âge avec une date certaine.

Un certain chanoine de la cathédrale fit une fondation pour un autel qui fut placé en cet endroit. Le lieu ne paraît pas choisi d'une manière satisfaisante, mais à cette époque il restait peu de place libre. Il y avait des autels contre les murs et contre les piliers presque sans intervalle. Les renseignements écrits ne nous laissent aucun doute sur un état de choses dont il ne reste aujourd'hui aucune trace matérielle. Voici un petit tableau peint sur verre qui nous sert de témoin dans une question bien oubliée. Le chanoine, sans autre gêne, fit supprimer le bas d'un vitrail du xiii⁰ siècle dans toute sa largeur — c'est celui qui représente la vie de saint Appolinaire — et fit placer dans cet endroit un motif de grisaille avec les images des saints et saintes envers lesquels il avait une dévotion particulière. Au milieu, le chanoine s'est fait représenter à genoux, élevant les mains vers une Sainte Vierge debout et tenant l'Enfant Jésus, qui se tourne vers son adorateur. Les traits du chanoine nous montrent qu'il était fort jeune : un ancien, un vieillard, eût respecté la peinture du xiii⁰ siècle, qui fut ainsi odieusement mutilée, et qui fut alors remplacée par une œuvre charmante, mais qui console à peine des parties anciennes qu'elle fit disparaître.

A gauche, on voit sainte Julitte tenant par la main son fils, saint Cyr, qui n'avait que trois ans et parlait à peine, dit sa légende;

Puis saint Maur, semblant converser avec sainte Radegonde, tous deux en costume monacal : il a la crosse d'abbé dans la main droite.

A droite, saint Sulpice en vêtement épiscopal, avec la crosse et la mitre, est en face d'un saint Mathurin, berger avec sa panetière et sa houlette; près de lui des animaux paissent; une chèvre se dresse sur ses pattes pour brouter les feuilles d'un arbre, qui paraît un chêne; le chien du troupeau se tient en observation aux pieds de son maître.

Plus à droite est saint Liphart, vêtu en ermite et tenant de la main gauche un livre, tandis que de la droite il perce avec une béquille, ou canne monacale, la gueule d'un énorme dragon. Bien des saints sont ainsi représentés, pour marquer leur triomphe sur le démon et leur puissance bienfaitrice sur les populations, près desquelles ils vivaient. L'orthographe de tous les noms est ici fort altérée.

Au-dessous de cette zone de saints, et accompagnée des deux côtés par un motif d'une élégante et légère décoration de feuillages, on lit l'inscription suivante, qui est presque intacte :

Monſeigñ : G : Tẏerri : chanoine : de
ceans : ſeigñ : de : Loÿ : fonda : ce
ſſ : antel : en : lanenr : de : Ꝑre : Dame : et
ans : et : des : ſaintes : qi : ci : S
ont : l'an : de : grace : mil : ccc : xx : vui
le : ionr : de : Tou; : ſeins : ꝑ : ii :
chapelains : perpetnes :

C'est-à-dire « Monseigneur Guillaume Thyerry, chanoine de céans, seigneur de Loens, fonda cest autel en l'oneur de Notre-Dame et aussi des saints et des saintes qui ci sont, l'an de grâce MCCCXXVIII, le jour de tous saints pour deux chapelains perpétuels. »

PLANCHE LXX.

VITRAIL DU PASSAGE DE LA SACRISTIE.

La sacristie de la cathédrale de Chartres est une vaste et grandiose salle, dont la construction, ainsi que l'indique son style d'architecture, remonte au xIVe siècle. Ses hautes et larges fenêtres n'offrent plus aucun vestige d'ancienne vitrerie; plusieurs même, celles du côté du Nord, ont été murées et ne laissent apercevoir que le dessin de meneaux fort déliés.

L'étroit passage qui met l'église en communication avec la sacristie est éclairé par une fenêtre garnie de vitraux dont cette planche donne plusieurs parties, les unes réduites, les autres de grandeur réelle, ce qui permet d'apprécier l'exécution du dessin. Il est composé de rinceaux que forme, en s'élevant et en s'épanouissant, la tige d'une plante dont les feuilles et les fleurs ressemblent à celles d'une ombellifère qui croît tout près de là. Nous ne sommes plus au temps où la flore et la faune qui apparaissent dans la décoration des monuments étaient le produit de l'imagination des artistes. Nous sommes à l'époque où l'imitation, exacte et spirituelle cependant, des plantes et des animaux va fournir aux peintres et aux sculpteurs les modèles qu'ils suivront désormais.

Pour en revenir à notre vitrail, on remarquera dans le milieu de chaque panneau un fleuron de couleur plus intense que le reste, et au centre du quatre-feuilles qui est placé au sommet de la fenêtre est une Vierge assise sur un trône et tenant son fils sur ses genoux. Ce petit groupe est exécuté avec une grande finesse; malheureusement il est fort détérioré. La bordure qui encadre ce vitrail est composé de rinceaux et de fleurons en grisaille comme le reste, et au bas des panneaux elle se termine par de petites figures dont plusieurs sont dessinées ici. Ce vitrail est contemporain de celui du transept méridional, donné planche LXIX.

On trouve dans ce couloir une particularité qu'il est bon de noter en passant. Un faisceau de colonnettes, engagées dans le mur et supportant les nervures de la voûte, est taillé dans une seule pièce de bois. Les fûts et les chapiteaux sont pris dans le même morceau, et, le tout étant peint couleur de pierre, ce n'est que par hasard que nous nous sommes aperçu de ce fait, qui du reste se rencontre au xve et au xvie siècle assez fréquemment.

PLANCHE LXXI.

PEINTURES DE LA CRYPTE.

On a réuni sur cette planche des fragments de peintures qui se voyaient encore il y a quelques années dans la chapelle dite aujourd'hui de Saint-Joseph.

Les enduits, dans cette partie de l'église souterraine, étaient dans le plus déplorable état; presque partout ils se détachaient du mur, emportant avec eux ces restes intéressants d'une décoration des âges anciens, et des réparations indispensables en firent disparaître les derniers vestiges. On a pu néanmoins en conserver le souvenir par le dessin. Au fond de la chapelle, on voyait de chaque côté de la fenêtre ces deux anges thuriféraires qui jadis avaient dû encenser un Christ placé au-dessus, ainsi qu'on en a des exemples dans les chapelles voisines. Autour de ces anges sont semées des fleurs de lys et des roses. En s'éloignant du fond de la chapelle on voyait deux grands saints, représentés sur cette même planche, et déjà détruits en grande partie. Nous supposons que l'un était un saint Jean d'après notre planche, mais d'après mes notes on lisait encore. . . . . COB' (Jacobus?) L'autre saint était un autre Jacques, celui de Compostelle, à en juger d'après les coquilles qui l'entourent et qui rappellent son célèbre pèlerinage.

Les murs de la chapelle, du côté droit, représentaient des scènes devenues tout à fait méconnaissables : des personnages s'avançaient vers le sanctuaire; quelques petits fragments sont indiqués ici. Du côté gauche, un figuré de pierres de taille, portant une rose au milieu de chacune d'elles, formait la décoration. Sur la voûte, il y avait un semis de fleurs de lys renversées, ou de campanules, alternant avec des rosettes. On a reproduit exactement ces mêmes décorations dans la restauration des murs et de la voûte. Quant aux figures, on ne s'est pas aventuré à une imitation, qui n'eût pu être que fort imparfaite et fort contestable.

Ces peintures avaient été exécutées à la hâte et sans aucune recherche par des décorateurs qui n'avaient d'autre but que de cacher la nudité des murs. Pour cela, ils avaient employé les couleurs les plus grossières et les plus communes, de l'ocre rouge, de l'ocre jaune, du blanc et du noir, et par les procédés les plus simples, de l'eau aluminée probablement. Cependant, au moyen de ressources aussi bornées, ils avaient obtenu un effet décoratif et monumental bien suffisant dans ces galeries peu éclairées et dans ces chapelles, où, depuis le XIIIe siècle, la lumière ne pénétrait qu'à certains moments de la journée.

Dans toutes les parties de cette vaste crypte on 'a trouvé des traces de peintures décoratives. En plusieurs endroits, elles consistent en sujets qui font penser à des scènes de pèlerinage vers Notre-Dame de Chartres.

Dans le fond de ces chapelles, sur la voûte au-dessus de l'autel, on voit toujours un Christ entre deux anges qui lui rendent hommage, ou qui l'encensent : les uns sont en pied, comme ceux de la planche LXXI; les autres sont en buste et sortent des nuages. De ces Christs glorieux, nous avons pu en conserver un. Il a été calqué, ainsi que les anges, et sera reproduit en sa même place.

Ailleurs est la grande fresque que donne la planche LXXII; un peu plus loin, on respecte, sans oser y toucher, une autre fresque de petite dimension représentant une nativité de Jésus-Christ.

Dans une chapelle remise à neuf il y a peu d'années, la décoration consistait en l'imitation d'une tenture formée de lais d'étoffes dont la couleur alternait en suivant les murs et figurait des bandes rouges et jaunes.

Il faut remarquer aussi que partout, dans les chapelles comme dans les galeries, les voûtes, sans aucune exception, étaient à fond blanc. Quant au procédé, il était fort simple et semblait consister en une simple détrempe de couleurs dans de l'eau aluminée, ainsi que nous l'avons dit. Ces couleurs, simples oxydes métalliques ou terres ocreuses, n'avaient subi aucun changement; elles n'ont péri que parce que les enduits, rongés par le salpêtre, se sont détachés des murs.

PLANCHE LXXII.

PEINTURE D'UNE CHAPELLE DANS LA CRYPTE.

La décoration peinte que reproduit cette planche, et qui remonte à la fin du xiiᵉ ou au commencement du xiiiᵉ siècle, se trouve dans la chapelle de l'église souterraine consacrée sous le vocable de saint Clément (voir le plan). Elle doit sa conservation à un retable en boiserie qui fut placé au-devant à l'époque où les peintures anciennes n'attiraient que l'indifférence ou le mépris. Cette fresque représente une suite de saints placés sous des arcades, surmontées de motifs d'architecture : ce sont des toits quadrillés, des faîtages avec des tourelles et des clochetons de diverses formes et dimensions. Sur ces hauteurs, de petits guerriers se livrent des combats et des assauts, tandis que près d'eux des oiseaux se jouent dans les airs. Les grands saints, rangés au-dessous d'une manière hiératique, sont debout et se présentent aux fidèles pour recevoir leurs hommages et leurs invocations. Leurs noms sont effacés : on lit seulement encore celui de saint Nicolas. Près de lui est saint Jacques, reconnaissable aux coquilles qui sont sur son manteau. Il est placé dans une niche plus haute que celle de ses voisins. Peut-être a-t-on voulu indiquer par là une plus grande dévotion à ce saint apôtre, dont le pèlerinage était à cette époque en très grande faveur.

Remarquons maintenant le dernier personnage dessiné à gauche sur cette planche. Il est en dehors des arcades sous lesquelles sont les autres saints. C'est un prêtre qui semble célébrer la messe devant un petit autel placé devant lui. Sur cet autel, recouvert d'un parement richement orné, sont posés deux flambeaux. Notre saint prêtre (le nimbe qui entoure sa tête nous indique que c'est un saint) tient de la main gauche une banderole qui se déroule vers sa droite. Au-dessous, tout à fait à gauche et au bas de cette planche, il y a un personnage à genoux, portant une couronne sur la tête, et paraissant diriger des regards suppliants vers les saints que nous voyons ici. Mais comme la partie du mur où il se trouve est fort enfumée et couverte de poussière incrustée, on ne distingue ce roi que pendant les courts instants de la matinée où le soleil vient l'éclairer. Il n'est donc pas surprenant que le dessinateur ne l'ait pas aperçu et qu'il ne l'ait pas copié, non plus que les petites lampes qui pendent au-dessus de sa tête, près de la main droite (si singulière!) de notre prêtre et au-dessus de la banderole qu'il tient en main. Cette banderole portait une inscription assez confuse ; il y a peu d'années, on en lisait très distinctement le dernier mot : REX, en caractères du xiie siècle. Les mots précédents disparaissaient sous une couche de poussière et de salissure, mais on pouvait espérer de les faire reparaître au moyen de quelque procédé chimique. Nous hésitions à faire des tentatives, de peur de tout perdre. Mais un touriste moins scrupuleux, ayant aussi remarqué cette inscription, eut la malheureuse idée de gratter avec un canif dans l'espoir de découvrir quelque chose. Ce moyen n'eut d'autre résultat que de faire disparaître non seulement le mot REX, mais encore le nom qui le précédait et qui peut-être nous eût révélé quelque fait historique ou personnel. Était-ce Carolus, Ludovicus, Philippus, Henricus, etc.? Cela est d'autant plus regrettable que c'est chose peu commune dans les monuments de cette époque reculée de trouver une signature ou une indication précise d'un personnage. Nous voyons ici un roi prosterné à genoux devant les saintes images qu'il implore et dont la générosité avait dû se répandre sur la cathédrale en quelqu'une de ses parties.

Sous le rapport de l'exécution, cette peinture paraît fort grossière et négligée ; mais il faut observer que les injures du temps l'ont bien défigurée. Ce n'était pas, il faut en convenir, une œuvre fort soignée, ni très délicate ; mais si nous pouvions la restituer dans son état primitif, nous pourrions y reconnaître un dessin ferme, grandiose et d'une grande justesse de pose et de maintien. Ces saints, qui nous paraissent aujourd'hui si mal exécutés, devaient être fort semblables à

174   MONOGRAPHIE DE LA CATHÉDRALE DE CHARTRES.

ceux qui décorent les vitres hautes de la cathédrale. Ils atteignaient parfaitement le but que se proposaient les peintres d'offrir aux yeux une décoration large et imposante, et des personnages dont les traits du visage fortement accentués agissaient principalement sur le public par des regards d'une expression pénétrante. Cela existe encore dans les vitraux, mais a complètement disparu ici.

Le soubassement de ces peintures est décoré d'un motif de draperie.

Le mur en retour imite une tenture qui serait faite avec une étoffe orientale, byzantine ou persane; on y voit, dans des cercles formés par des palmettes, des lions affrontés, d'un aspect sauvage et original, comme le sont les animaux dont on trouve la représentation sur les objets venant du Levant et dont le commerce ou les pèlerinages nous ont apporté de si nombreux spécimens.

FIN.

TABLE DES PLANCHES.

(Comme la monographie de la cathédrale de Chartres avait été dès l'origine comprise sur un plan plus vaste, celles des planches qui ont été exécutées ont des numéros se rapportant à un ordre qui a été modifié à plusieurs reprises. Il a donc été utile dans cette table de tenir compte de ces diverses indications.)

ARCHITECTURE ET SCULPTURE.

VITRAUX.

t

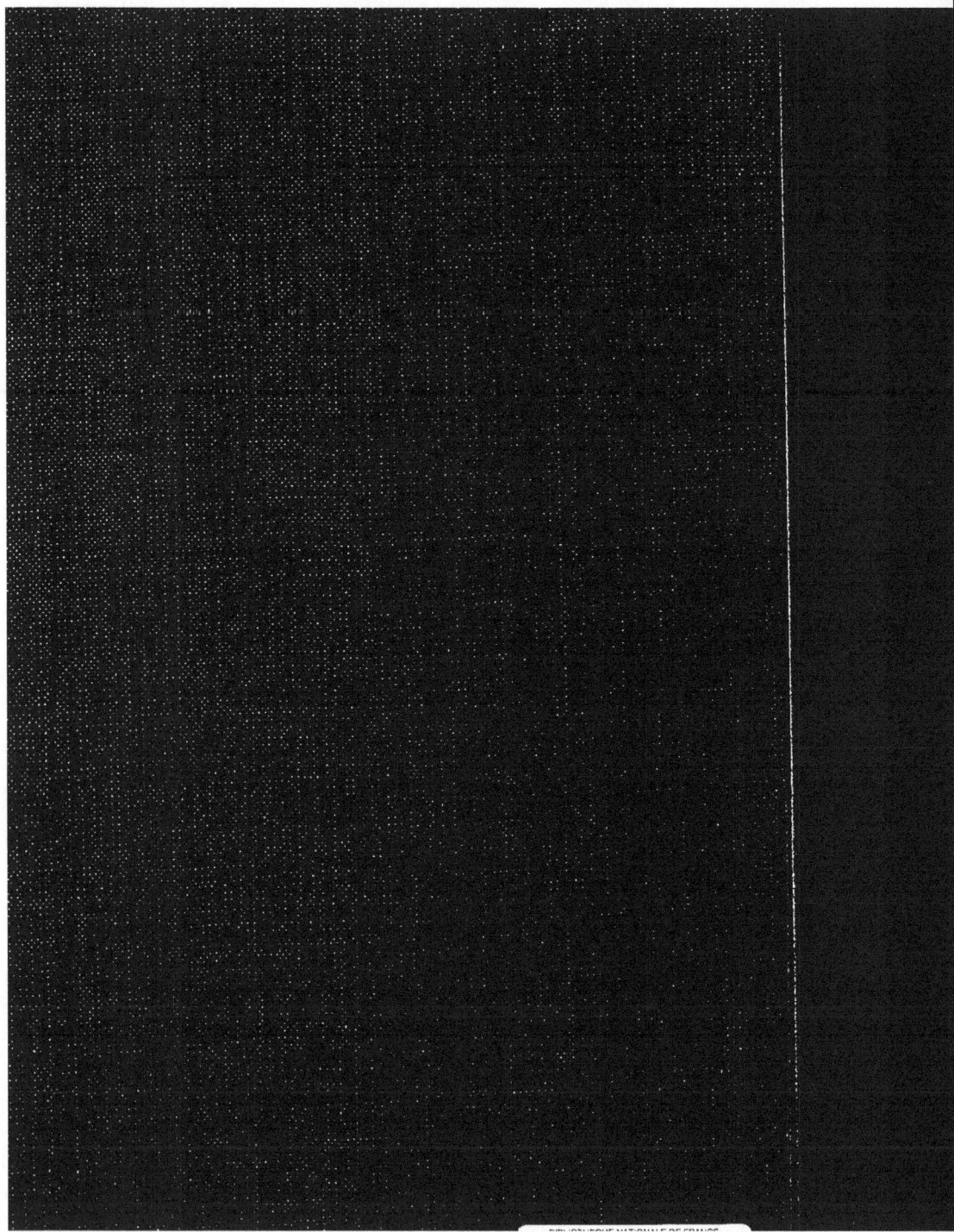

www.ingramcontent.com/pod-product-compliance
Lightning Source LLC
Chambersburg PA
CBHW061043110426
42740CB00049B/1734